那些年，
他們一起追的
世紀之謎
劉樂土 著

那些年，他們一起追的世紀之謎

目次 CONTENTS

那些年，他們一起追的世紀之謎

目次

CONTENTS

【推薦序】

解不開的謎團，就是無數迷人的故事

歷史的謎團，總是引人入勝。我們總是想知道，金銀珠寶相伴的木乃伊，是否真的能得到永生？金字塔奇妙的建築數據，到底由何而來？復活節的眾多巨人像，爲何總是流露孤寂？巨石陣是上帝隨手堆放的積木遊戲，而是另有功能？曾經有高度文明的亞特蘭提斯，爲何一夕沉沒海底？而海底金字塔上的兩個巨洞，一個涵吞駭浪，一個噴吐驚濤，似乎說明金字塔內含的能量，仍未消失。

歷史上，俯拾皆是如此的千古謎團，激起無數好奇的考古學家、歷史學家、建築學家和天文學家，使出混身解數、拚盡全力地追尋解答。

那些年，他們一起追的世紀之謎，使我們得知了龐貝城被維蘇威火山噴發的岩漿覆滅，金字塔似乎有防腐功能，撒哈拉原本不是沙漠，水晶頭骨具有催眠功效，古埃及人用鱷魚糞調配避孕藥，巨石像也許是外星人的創作……

然而，追尋的結果，加上考古的發掘，是不是就能呈現完整的事實真相呢？

沒有人知道。

因此，千古謎團仍舊一貫保持著它的神秘感，不斷誘引更多好奇者去探究，也不斷引發夢想者的奇想。

如果不經意喚起沉睡的木乃伊，是不是就會出現法力高強、掀風颳沙的大祭司印和闐？足智多謀的馬蓋先，想必一定能找到亞特蘭提斯失落的寶藏。印第安納瓊斯可以提著皮鞭、戴著牛仔帽到水晶骷髏王國一遊。丁丁和小狗米魯不畏詛咒也要勇闖印加王國解救教授。

歷史的謎團，就像預留了想像空間的故事，留待後人恣意揮灑！

謎樣的水晶骷髏

通體透明的水晶頭骨，
具有雕刻極為精湛的牙齒，
線條平滑的顴骨，以及吻合無誤的下頦和頭顱，
眼窩與真人大小完全一致，絲絲入扣。
它能把照射到它身上的太陽光，反射成一道道眩目的光束。
人們像被施了催眠術般目瞪口呆，狂喜不已，
似乎有一種古老而強大的力量在每人身上復活……

根據一個古老的印第安人傳說，古時候一共有十三個水晶頭骨，和人類的頭骨一般大，下巴還可以活動，能說話，能唱歌。據說這些頭骨可以爲人類提供有關人類起源和死亡的資料，還能幫助人類解開宇宙生命之謎。

這些資訊資料不但對研究人類居住的行星發展趨勢十分重要，而且對研究人類和繁衍也起著決定性的作用。也許有一天人們會找到所有的水晶頭骨，把它們聚集在一起，集人類大智於一體，發揮它們應有的作用。但前提是人類的道德和精神必須達到一定的水準，否則即使聚集到一起了，也是對偉大文化的一種褻瀆。

這個傳說在美洲土著人當中世代流傳了幾千年。但後來發現，從中美洲中部馬雅和阿茲特克後代到現代美國西南部飄布羅和納瓦喬的印第安人，直到美國東北部切諾基的塞尼加的印第安人，對於這個傳說各有各的說法。比如切諾基人說，宇宙中有十二個行星，每個行星上都住著人類。一個頭骨管著一個行星，再加上管理整個世界的一個，共有十三個頭骨。

英國人邁克·蜜歇兒·黑克斯熱愛考古學，作爲大英博物館馬雅文化委員會的成員，他堅信堪稱人類文明搖籃的聖地不是在中東，而是神秘消失的大西洋陸地。爲了證實他的說法，他組織了一個探測隊，於一九二四年從利物浦出發，沿水路到達了中美洲英屬的漢德里斯。他堅信，能在這裏找到真正的人類文明發祥地的殘跡，與他同行的還有他的養女安娜。

這是一位終身未嫁的英國姑娘，隨著養父一起探險時年僅十七歲。在當地馬雅人的幫助下，他們在熱帶森林的叢林中發現了一座古代馬雅人的城市遺址。他們花了整整一年多的時間，把生長在這座城市遺址上的灌木和大樹清理掉。實在清理不掉的枝枝蔓蔓，就放火燒掉，曾經輝煌一時的古城廢墟於是在漸濃的煙火中顯露出來，然後探測隊開始了長達幾年的挖掘。

安娜十七歲生日前夕，總想登在金字塔的最高處，一覽周圍的絢麗風光，但養父堅決拒絕安娜的要求，因爲金字塔最高處的岩石已經明顯鬆動，爬上去很危險。但是，安娜還是背著養父一個人悄悄地、小心翼翼地爬上了金字塔的最高處。

方圓幾英里的美麗風光盡收眼底，這時，她發現塔裏有一個閃閃發亮的東西，安娜興奮不已，回去後立即把這一發現告訴給養父。蜜歇兒·黑吉斯嚴厲地責備了安娜去了不該去的地方，似乎並沒有把安娜的發現放在心上。

但是，蜜歇兒·黑吉斯第二天一大早就把大家召集在一起，開始去搬掉金字塔頂端鬆動的石頭，他們花了好幾周的時間才搬出了一個夠大的窟窿。安娜主動要求順著窟窿下去探個虛實。

安娜身上繫了兩根繩子，頭上綁了一盞燈，順著窟窿慢慢下去，行至黑暗處，她非常緊張，害怕會有毒蛇和蠍子什麼的，她剛沉到下面就看到了那個閃閃發光的東西，她把它撿起來用襯衫包好，生怕損壞，然後告訴上面的人快點把她吊上去。

在充足的陽光下，人們撣去寶貝表面的灰塵，一件稀世珍品便完整無缺地呈現在人們面前——一塊和真人頭骨一般大小，通體透明的水晶頭骨。水晶頭骨一看就知道是從整塊水晶石上鏤刻出來的，安娜把它拿到燈下，經反射的燈光，頭骨變得異常撲朔迷離，異常明亮。這只有純度極高的水晶石才能達到這樣的效果。

它具有雕刻精湛的牙齒，線條平滑的顴骨以及吻合無誤的下頦和頭顱，眼窩與真人頭骨眼窩大小完全一致，絲絲入扣。它能把照射到它身上的太陽光反射成一道道眩目的光束。人們像被施了催眠術般目瞪口呆，狂喜不已，似乎有一種古老而強大的力量在每人身上復活，莫名其妙的馬雅人看到了頭骨以後又哭又笑。蜜歇兒·黑吉斯把頭骨放到了馬雅人修建的祭壇上，於是召來了馬雅人舉行一次盛大的慶典，頭骨周圍燃燒著熊熊篝火，虔誠的馬雅人在求它保佑。

圍繞著水晶頭骨，馬雅人的慶祝活動持續了好幾天，一位馬雅老人說這個頭骨非常古老，有十萬年之久的歷史了。老人說，很久很久以前，有個偉大的馬雅人的祭司十分受人愛戴，人們爲了永遠留住他的正直和智慧而製作這個頭骨。老人說，水晶頭骨也許還能說話，至於怎樣才能使他說話，他沒有講。

蜜歐兒・黑吉斯不知道該怎樣處理他們所得到的這顆水晶頭骨。他逐漸認識到，水晶頭骨對於馬雅人民來說更加神聖，更加重要，他不能把這個頭骨從可憐的馬雅人那裏帶走。於是，他毅然決然地把頭骨送給了馬雅人。馬雅人因此而興奮異常，對蜜歐兒感恩戴德，頭骨在馬雅人那裏，整整保存了三年多，其中的每一天，頭骨周圍都燃著篝火，從未熄滅。

直到一九二七年，蜜歐兒・黑吉斯的探測隊的發掘工作接近尾聲。當安娜與她的養父與馬雅朋友告別時，馬雅部落酋長送給了蜜歐兒・黑吉斯一包東西，打開一看，安娜驚喜地發現，正是她冒著生命危險才得到的那顆水晶頭骨。勤勞善良的馬雅人爲感謝蜜歐兒長期給予馬雅人在醫療、工具等等方面的幫助，臨別時把水晶頭骨送給了他。

實際上，蜜歐兒發現的水晶頭骨，是世界上被發現的第二隻水晶頭骨。

在倫敦英國博物館裏，陳列著一個面目猙獰、齜牙咧嘴的水晶人頭。這顆人頭體積和實體一樣大小，雕刻得十分細緻，眼、鼻、上下兩排牙齒，無不精工細琢，更難得的是，它的下巴是可以開合的。每到晚上，就反射著耀眼的光芒，使工作人員嚇得魂不附體，不敢清掃展品。館長只好做出決定：天黑之前，給這顆「魔鬼之頭」蒙上一層黑綢，以遮住它那令人恐懼的面目。

蜜歐兒當初怎麼也沒想到，這塊水晶頭骨會成爲人類發現的最神秘的瑰寶之一，它會改變所有來看過它的人的一生的命運，它具有某種通靈之力，向人們昭示遠古和未來的秘密。令馬雅人頂禮膜拜的水晶頭骨，後來經科學家鑒定這是從一整塊很大的高純度的水晶石上雕刻、打磨下來的傑出的藝術品。

對此，檢測小組非常驚訝。這種高純度的水晶石可是世界上硬度最高的材料之一了。按照寶石專家所使用的摩恩硬度標準，它只比鑽石稍微軟一點兒，再加上它脆而易碎，無疑會給雕刻工作帶來難以想像的困難。儘管如此，頭骨的雕刻工藝卻精美異常。

根據檢測小組估算，即使用當今帶有鑽石頭的電動工具，完成一件頭骨雕刻也要刻上至少一年的時間。但是檢測小組斷定，要雕刻這個嬌貴的物品，根本不能使用任何帶鑽石頭的電動工具，因爲它經不起用該工具所產生的振動、熱量和摩擦，它會因此而破碎的。以至於一個小組成員不得不說：「真難以想像還真有這樣一個頭骨。」

檢測小組最初認爲，頭骨有可能不是用現代工具製成的。後來的檢測進一步證實了最初猜想的真實性。單純從頭骨極其平滑的表面來看，就看不出任何使用現代工具所遺留下來的任何痕跡，因爲如果有就非常難以去掉。這些發現，足以肯定檢測小組最初的判斷是對的——這個水晶頭骨爲手工製品。就檢測小組現有的科學知識和尖端技術以及專業水準，是無法知道水晶頭骨的確切年齡的。也許是幾百年甚至幾億年，所有的科學都認爲它和地球同齡，或者更早。

但海爾萊德・派克爾德科學家發現了有關水晶頭骨之謎的一條很重要的線索，即檢測顯示頭骨不僅取材於一整塊天然石英，而且其中還含有壓電二氧化矽的成分，就是現代電子產品上廣泛用的天然石英。

海爾萊德・派克爾德檢測小組測試了水晶頭骨不尋常的視性能。比如說光從下面導入，在頭骨體內聚集以後，會準確無誤地從眼窩處釋放出去。光在頭骨中的運行速度，從一個方位出發比從另一方位出發要快得多。不僅一般散射的光經過頭骨會有這樣奇異的效果，就是直射的或極化的光照在頭骨上，也會出現光沿著可視軸方向運行要比順著其他方向運行快得多的現象，而且頭骨還會隨著光軸上的運行而旋轉。

水晶頭骨另外一個特性，是其讓人難以置信的環境穩定性。這也是壓電二氧化矽的另一個性能，這個性能使這種水晶成爲現代電子應用中的無價之寶。也就是說無論在什麼環境中，水晶頭骨的各項性能都不會變化，尤其不會發生化學變化。而絕大多數相似的天然材料都會逐漸地受損於酸等化學物質，甚至於普通的水，而水晶頭骨絕不會受其影響。

一九五九年，蜜歇兒終於帶著對「魔鬼骷髏」的不解之謎離開了人世。女兒安娜繼承了這件珍品——就像接著解一個永遠也解不開的亂線團。有一天，安娜收到一個法國朋友的來信，她不禁爲之激動起來，決定親自到法國巴黎去一趟，因爲那裏展出了世界上第三顆水晶人頭。

法國人類博物館的大廳裏人山人海，參觀的人群將一個巨大的玻璃櫃子團團圍住，櫃子裏面就陳列著世界上第三顆水晶人頭。安娜發現，它幾乎和自己家裏收藏的那顆水晶人頭一模一樣。

圍繞這顆水晶人頭，世界考古界發生了爭執，仁者見仁，智者見智。法國的考古學家解釋說，這顆水晶人頭也是在墨西哥某地發現的，同時還發現了很多精製的小型銅制工具。由此可以推測，製造者是用銅製工具雕刻的——當然，在這之前很久，他們就掌握了冶煉銅的技術。從歷史和宗教的角度分析，水晶人頭估計是十四或十五世紀墨西哥印第安人阿茲特克人製作的，可能是他們的一個祭司牧杖上的裝飾。

英國的許多考古學家對這種推測深表懷疑。因爲直到二十世紀四十年代，拉丁美洲的這些印第安人還在密林中過著「茹毛飲血」的原始生活。誰能相信，這些印第安人在十四或十五世紀會冶煉銅、製造銅工具和掌握這樣高超的雕刻技藝。

法國的一些歷史學家考證說，拉丁美洲古代部落在特別宗教禮儀中曾使用過完整的真人頭骨做裝飾。這無疑使法國的考古學家深受鼓舞，他們立刻漂洋過海到墨西哥等地實地考察，據當地傳說，古代部落的祭司爲了鎮住妖魔鬼怪和預卜人的生死，曾製作過水晶人頭。但傳說畢竟沒有證據，很多人對此仍將信將疑。

德國著名心理學家和醫生西特博士曾將那具水晶人頭擺在蠟燭光旁邊，由於蠟燭光的作用，水晶人頭即發出七色異彩，燦爛奪目，這時，人若凝視它，很快就能進入催眠狀態，據實驗結果，十人中有九人如此。西特博士據此推測，這只水晶人頭，是古人在替病人進行手術時用來做催眠用的。

愛美不怕痛的紋身藝術

紋身，是許多民族在早期發展階段中存在的一種風俗，
方法是用針在人體全身或局部刺出自然物或幾何圖形，
刺後有染色與不染色之分，
一般用作圖騰標誌，
也有用以表示等級身分或秘密會社成員的標記。
現今此現象仍存，多用作美飾。

何謂紋身？

就是用刀、針等銳器在身體的不同部位刻出花紋或符號，並塗以顏色，使之成為永久性的有色飾紋，由於塗料以黑色爲主，就像用筆蘸墨寫在身上，故稱紋身。

紋身起源於人類蒙昧時期，約一萬四千年以前的石器時代，是一種極爲古老的習俗。紋身的習俗發展至今已有數萬年的歷史，現在已經成爲一門獨特的原始藝術，人們可以從中窺見原始人的某些社會習俗和宗教信仰，這也是現代人瞭解原始文明的一面鏡子。

反之，從古人，尤其是現存的一些原始部落的紋身習俗，也可反映出原始社會紋身的一些情況。在中國古代，就有紋身的記載，尤其是在國外的一些原始部落大行其道，極爲推崇。

原始人紋身的部位，因地區與民族而異，或全身，或局部，一般在面、胸、臂、背、腿、腹等處。原始人紋身的圖案也因民族在信仰、愛好、習俗等方面的差異而不同，主要有「鳥獸」、「花草」、「樹木」、「龍蛇」、「星辰」及一些幾何圖形等。

居住於太平洋中部密克羅尼西亞群島上的居民，紋身的習俗已有數百年的歷史。男性的紋身粗獷剛勁，表現鬚眉的氣概；女性的紋身筆劃纖細，展示裙釵的柔情。紋身的圖案精美，儼然一幅幅藝術佳作，令人歎賞不已。

格陵蘭某些部族的女子成年前就要紋身。母親爲兒子物色婚配對象時，首先要親自審視她的紋身，而不是瞭解女方的家境、健康、性格等。

新西蘭的毛利人，男性一般於面頰、腰際、腹部和雙膝處刺紋，女性通常於乳房、背脊、臀部處刺紋。能紋頸項、上唇和前額的只有受人尊敬的長老。上層人士的紋身爲黃色，庶民黑色，商人藍色，女性的紋身是鮮豔紅色。身上花紋越多，就越受人尊敬。

非洲人的紋身五花八門，令人眼花繚亂。尼日利亞人喜歡在黝黑的面孔上「刻畫」一幅幅奇形怪狀的圖案，如箭鏃、弓、蠍子、公雞。埃塞俄比亞西部居民則喜歡在面孔上刺紋自己崇拜和敬奉的偶像。

印尼加里曼丹南部的巴希爾族人喜歡全身刺紋，但紋身的顏色因部位不同而不同——臉部褐色，胸部紅色，背部黃色，腹部藍色，臀部綠色，腿部黑色，可謂色彩斑斕。

緬甸撣族人喜歡刺紋於腹部至胯股之間，圖案各自選擇，顏色紅、黑、黃相間。

巴西布蘭科河流域的居民全家人的手臂都要刺上家長的姓名，女人喪偶或離異後重新嫁人，還要再次刺紋。

墨西哥雷維利亞希黑多群島的居民，拜師學藝時首先要在左臂刺紋拜師的年月日和師傅的姓名。相似的是哥倫比亞卡克塔地區，學齡兒童要在右手腕上刺紋入學日期和啓蒙老師的姓名，表示學生對師長的尊敬。印尼納士納島漁民的規矩是在胸部刺上居住地址，如果有人海上失事，可按紋身通知家屬。在希臘的品都斯山區，新郎的左手和新娘的右手有對方的姓名與出生日期。在西班牙卡臘瓦卡、耶斯特等地區，人死後，要在屍體上刺去世日期。

另外，澳大利亞的阿蘭達人、阿內特人，新西蘭的毛利人、巴希亞人，南北美洲的印第安人，南美的海達人，印度南部的圖達人，日本的阿伊努人等，以至於古代的歐洲人，都曾盛行過紋身。而包括漢族在內的大多數民族，如黎、傣、基諾、布朗、獨龍、高山等少數民族也盛行過紋身習俗。

原始人把紋身看作是非常重大神聖的事，如澳洲的土著平時總是隨身攜帶紅、黃、白等顏料，不時地在身體裸露的地方抹點顏色，到了重大慶典時更是把全身塗抹得五彩繽紛。爲了紋身不惜忍受各種肉體上的痛苦，如中國的黎族在施行紋身時，要用一個特製的小棒把黃藤針敲入肉體，再拔出針擦去冒出的鮮血，抹上用水調製的墨汁或煙灰，傷口要三四天才能逐漸癒合。

原始人爲何要如此費盡心思地去紋身？對此眾說紛紜，至今仍是個未解之謎。

裝飾美化自己？

出於對美的追求與裝飾而紋身，這應該是紋身的起源。原始社會，人們不穿或者很少穿衣服，人類最早的服裝很可能就是各種紋身的附屬，那時的人們多用花、葉、動物的皮或樹木的纖維、魚的牙齒等來遮蔽和裝飾自己，後來開始用石灰、黃土、赤土、過錳酸鉀與坯土的混合物、植物的色素等物質做塗身之用。大多數的原始部落的人都認爲，紋在他們身上的花紋是最美的，缺少了這些花紋，人就會變得很醜。

我國歷史上唐、宋、元、明各朝都盛行過紋身，不僅市井少年愛好此道，就是工匠、船戶、農民、文士中也有不少紋身者。段成式的《酉陽雜俎》記載，唐朝紋身者所刺的花樣繁多，包括動物、山水、花卉、亭院、古人詩句等等。一般來講，習武之人多刺龍蛇猛獸以顯示其英武；文人騷客多刺山水詩詞以示風雅。宋代有專門紋身者的組織——綿體社，常常邀請高明工匠進行紋身和相互比賽，並品評所刺花紋，以此爲樂。

以前的女性不紋身就被看作不美和叛逆，活著受人歧視，就算死後也要用木炭紋身後才能入土埋葬。紋身後，父母還要設宴慶祝祖先給女兒的美麗容貌。台灣高山族的泰雅人視紋面是一種最講究的裝飾，認爲刺紋的部位不長毛，不生皺紋，能保持青春的美。

迷信的原因？

原始社會生活的一切都充滿了巫術與原始宗教圖騰，在原始人的心目中，本部族的圖騰不是象徵著自己的祖先，就是象徵著最受崇拜的主神，出於對圖騰或祖先的崇拜，原始人常把本部落的圖騰繪製或紋刺到自己身上，作爲護身符，以此來避邪與求得神靈的保佑。有紋身習俗的民族中，一般都這樣認爲，紋身不僅是一種成人與美的標誌，同時還可用以避邪。如澳大利亞的土人在出發打仗時要全身繪紅，爲死者舉行葬禮時要全身繪白，以此求得天神的保護和庇佑。台灣排灣族，傳說其頭目是蛇生和太陽所生的，蛇和太陽成了他們的圖騰對象，紋身時多刺以蛇或太陽紋，希望其靈魂能常附在自己身上，保護自己。另外，許多民族在紋身時，都要祭祖先與神靈，如黎族婦女在紋身時，要殺雞擺酒祭祀祖先，將紋身者的名字報告祖先，以祈求平安無恙。所有的澳洲土著巫師在做法時幾乎都要繪上花紋，否則就會被認爲法術不靈，而失去人們的信任。

宗教信仰的原因？

原始人紋身的背景多脫離不了迷信和風俗，但最主要的是宗教的原因，因爲圖騰就是一種原始的宗教形式。有些教徒喜歡把自己崇拜的神紋在身上。不同的宗教團體紋刺不同的圖騰，以作爲宗教區分。常見熱心的佛教徒身上刺有「南無阿彌陀佛」，也有人繪上觀音像，法華宗的信徒則繪上「南無妙法蓮華經。」

用於標誌身分？

持這種觀點的人認爲紋身是氏族與圖騰、成年與情愛、尊卑與貴賤的標誌。台灣少數民族一般都規定，只有對本氏族做出貢獻的男女，才有紋身的資格。《後漢書．東夷列傳》中記載有：倭國人「紋身，以其紋左右、大小別尊卑之差」。南美洲查科地區的印第安人，有的部落貴族婦女只在手臂上刺花紋，在面孔上刺花紋的婦女則社會地位低下。我國古代在臉上刺花是一種刑罰，稱爲「墨刑」，目的是把罪犯和善民區分開，以達到懲戒的目的。台灣的高山族不僅把紋身作爲一種裝飾，更重要的是作爲成年的標誌。男子只有十五歲參加過打獵後才能紋身，女子十三歲以後也可紋身。紋身後就表示已經成年。巴布亞人年輕時一般用紅色紋身並在面部上刺紋，老年人則用黑色紋身並在手臂、胸部或腿部處刺紋。

以上的觀點都有道理。但隨著社會的發展和文明的進步，在近現代的原始部落中，人們紋身的原因可能同時出於愛美、宗教、文化等，要想簡單的把原始人的紋身歸於某個原因，是很難解釋種種複雜的現象的。隨著社會文明的進步，紋身的習俗在不斷的消退，但原始紋身那些充滿神秘和怪異的色彩以及線條、圖案卻始終吸引著人們好奇的眼光，現代藝術家更是從中吸取了很多靈感，可見其影響是很難消失的。

人吃人，不稀奇

在冬天，南美洲火地島人由於饑餓的驅使，
會將自家的年老婦女殺死做吃食。

澳洲懷德灣的部落，不僅吃戰死的敵人，也吃他們被殺的夥伴。

柏林人的祖先，在十世紀還吃自己的父母。

澳洲土人家中若無好食物，會將孩子做為宴客大餐。

這現今看來可怕的行為，反映了遠古人類的生產力水準極端低下，
人類的成長、演變所經歷的一個極其艱難的過程。

儘管「食人之風」今天看來是荒唐、離奇和不可置信的，但在人類歷史的早期卻很可能是普遍發生和存在過的。

美國地質專家魏敦瑞是最初參加北京周口店北京猿人遺址的人之一，他在一九三九至一九四〇年發表的《中國猿人是否殘食同類》中指出，北京猿人頭骨特多，而軀幹與四肢骨特少，這一現象應是當時存在「食人之風」的結果。在我國的某些少數民族中曾流傳著在遠古時代建房殺父吃肉，蓋禾倉殺母吃肉，人死後，屍體要宰割分享的傳說。

「食人之風」不僅在我國的原始氏族中出現過，在世界其他民族中也屢見不鮮。

二十世紀三〇年代，孔尼華在爪哇的昂棟附近，發現了十二個人頭化石，頭骨全部面部缺損，其中十個頭骨枕骨損傷。他認爲，這很可能是「吃人腦」的原因造成的。距此不遠的西伊里安與中加里曼丹的達吉克人，在十二世紀時尚有獵人頭與吸食腦漿的事，孔尼華的分析應是正確的，爪哇人曾有食人之風；一九八〇年，英國考古學家在克里特的克諾索斯宮附近（即傳說中的迷宮與米諾斯食人之區），發現兩百多根人骨。專家認爲，克里特人銅器時代也有「食人之風」。

前些年，病理學家卡爾登．戈杜塞克深入新幾內亞原始部落，考察證實了駭人聽聞的笑病（庫魯病）就是因爲當地人吃人腦的習俗引起的不治之症。

由文獻記載來看，至少在亞、非、歐、美、澳諸洲，都存在過「食人之風」。據一九五五年版約翰・根室《非洲內幕》記載：「盧拉巴河下游附近的撒拉姆帕蘇人，其中有些到現在還吃人肉。」還說北羅得西亞人現在雖不吃活人，但「直到最近，吃死屍的情形還是非常普遍。」

一六八八年，荷蘭出版的《吃人的本性和習俗》也記載了不少部落的吃人風；一八六三年出版的赫胥黎的《人類在自然界的位置》，寫有「十六世紀非洲的吃人風氣」一節，剛果北部的安濟奎人，「不論朋友、親屬，都互相要吃的」，「他們的肉店裏面充滿著人肉，以代替牛肉和羊肉。他們把在戰時捉到的敵人拿來充饑，又把賣不出好價錢的奴隸養肥了，宰殺果腹。」

十九世紀中期，達爾文在《一個自然科學家在貝格爾艦上的環球旅行記》中，記載了南美洲火地島人殺吃老年人的情景：「在冬天，火地島人由於饑餓的驅使，就把自己的老年婦女殺死做吃食，反而留下狗到以後再殺。」

摩爾根在《古代社會》記載：澳洲「懷德灣的部落，不只食戰場上殺死的敵人，而且也食他們被殺的夥伴，甚至老死者，只要還可供食，他們是要吃掉的。」

恩格斯的《勞動在從猿到人轉變過程中的作用》寫道：「柏林人的祖先，韋累塔比人或維耳茨人，在十世紀還吃他們的父母。」

《峒溪纖志》中記載：僚人「報仇相殺，必食其肉，披其面而籠之竹，鼓噪而祭，謂可迎福」。

古希臘阿卡地亞國王（即部落酋長）雪殺人之後，就把人肉的一半煮熟吃；另一半則直接用火烤食。

《荷馬史詩》中也說獨眼巨人吞吃了奧德賽的幾名夥伴。

在澳洲土人中，如公社來了顯貴的客人，而又沒有好食物待客，便殺掉一個孩子，把他的肉煮給客人吃，這算是最高的禮遇。

非洲中部林海中的貝拉爾人，直到上世紀七〇年代，還不知道金屬是什麼，同族成員死後，他們就把肉分開，既不煮熟，也不燒烤，當場津津有味的生吃。

由民族學資料來看，九十多年前，斐濟群島還是一個食人風盛行的恐怖世界。食人時代，斐濟人把打死的敵人稱爲「長豬」。當兩個敵對部落成員相遇時，出路只有三條：其一，衝上前去打死敵人，吃掉敵人。其二，立即逃跑。其三，成爲「長豬」被人吃掉。有時，斐濟人爲了獵取「長豬」還偷襲敵人，或潛入敵寨進行埋伏，一有機會就跳出來用竹刀殺死敵人，或用石棒打死敵人，然後拖回村寨，直接用火烤食，或者煮熟後分食。在這裏，成堆人骨，竟然成爲勇敢的象徵。直至一八九〇年英國殖民當局強行宣佈廢除食人之後，斐濟土著才開始不吃人肉。

生活在馬勒庫拉島阿莫克的大南巴人也曾吃過人肉，有時直接用火烤著吃，有時用人肉包餡餅，到英法共管後才被制止。此外，達尼人往往用分吃戰敗者的屍體表示對敵人的輕蔑。直到六世紀前，台灣的土著部落也有「食人之風」。二十世紀前，太平洋諸島的毛利人也是著名的「食人部落」。

總之，直到十九世紀末，甚至上世紀中葉，在太平洋地區、澳洲、大洋洲與印尼的某些海島上，以及非洲和南美洲的某些地區，還生存著數十種食人部落與獵頭部落。

看來，「食人之風」並不是個別民族所發生的稀有事件，現在資料已經證明，「食人之風」在許多民族中是普遍發生過的。至少，吞食本族成員的屍體與分食戰俘是不少民族都發生過的。

大多數人認爲，在人類社會的蒙昧時代由於生產力水準的低下，食物極端貧乏，當初吃人只是爲了果腹。人吃人，這在現代人看來是非常野蠻可恥的行爲，但在蒙昧時代的原始人心目中，卻是十分自然的。在食物匱乏時，吃老弱病殘或死者的肉，來維持現存者的生存，是合理的，也是合乎道義的。它反映了遠古人類的生產力水準極端低下，人類的成長、演變所經歷的一個極其艱難的過程。

還有一種觀點認爲與宗教迷信有關。某些民族流行「食葬」，當部族中有人死後，其他人選擇將死者埋葬在生者的肚腹中，也就是說，生者將死者的屍體吃掉。他們相信，這樣死者就能永遠活在大家的心中，並與全族人永世共存。

位於非洲中部密林中的貝拉爾民族就是一個典型，可怕的食葬在他們看來卻是最莊嚴、最隆重的儀式，每個貝拉爾人都希望死後能享受到這種食葬，希望自己的靈魂能活在全族人的心中。

另一種觀點認爲，在原始社會各部落之間經常發生戰爭，捉到的戰俘該怎麼處理呢？爲了起到威懾敵人的作用和報復敵人，就把戰俘吃掉，何況還解決了食物的問題，何樂而不爲呢？在原始社會，將戰俘吃掉的風氣曾一度十分盛行。

國外學者又認爲，人是自私的動物，人類生來就有相互敵視的本能，食人之風、獵取人頭、剝頭皮、分食戰俘、血親復仇，只是一般的生物生存競爭、弱肉強食的本能（社會達爾文主義者均如此認為）。但這種觀點有失偏頗，因爲它忽視了原始人類的互助與協作（博厄斯即持此論）。

在人類社會上曾經出現的「食人之風」，對於其出現的確切原因，學術界至今無法統一認識，尚有待進一步研究探討。

嬰兒大餐？

殺嬰，是人類早期存在於各人種之間的一種現象。

在蒙昧時代，

生活資料的貧乏，使饑餓成為人類生存的最大威脅。

為了保證血脈的傳承，

當時的人類選擇了保證成人生存而犧牲弱小的辦法，以節約生活資料。

有學者分析，其現象也可能與宗教有關。

誰能忍心殺死自己的嬰兒？

這在現代人看來違反人類天性，極其殘忍的事，卻在世界各地原始社會廣泛地存在，它的歷史和人類本身同樣古老。直到近代甚至當代，這種殘忍的習俗仍然存在。考古學家和人類學家對此做了大量的研究，但對於人類殺嬰的原因仍未得出一個統一的說法，眾說紛紜，莫衷一是。

大多數學者認爲，在原始社會，生產力極端低下，生活資料極度匱乏，生存的艱難和同自然界鬥爭的困苦，使得人類的壓力十分沉重，饑餓是人類生存的最大威脅。因此，殺嬰只是原始人爲了自身的生存而不得不做出的舉動，食物的缺乏是導致原始人殺嬰的主要原因。

歷史的記載中，所有的民族在發生大饑荒或者其他災害時，幾乎都不同程度地有過殺嬰的行爲。在澳大利亞，土著在進行長途遷徙之前，也會將所有幼小的兒女殺害，僅僅留下一二個較強壯的大孩子，據說是避免在路途中挨餓。有不少民族在養大第一、第二個孩子之前，會殺死所有新生兒，這一習慣顯然也是爲了避免他們與哥哥、姐姐爭奪食物。

非洲南部的布須曼人在缺乏食物或作爲家庭主要勞動力的父親去世等情況下會殺死或將未成年的子女拋棄，而且平時也會把沒有自我生存能力的畸形兒童殺死。布須曼人殺死畸形兒童的做法，在已經進入文明時代的以色列人、希臘人、羅馬人、阿拉伯人中，甚至作爲一種風俗存在著，因爲他們把殘疾兒童視作累贅。考古發掘還證實，遠古時期盛行的食人之風，也與不少殺嬰事件有關。

這種殺害並且食用嬰兒的陋習持續時間相當長，直到近代澳大利亞土著居民在缺乏食物時，仍有殺掉幼兒給其哥哥、姐姐或其他長輩食用的記錄。在澳洲土人中，如家中來了尊貴的客人，當沒有好的食物招待客人時，便會殺掉一個孩子，把他的肉煮給客人吃，算是最高的禮遇。在一個有吃人習氣的社會裏，毫無反抗能力的嬰兒當然是最大的受害者。

另有一種說法認爲，原始社會科學技術極端落後，不可能有完善而有效的避孕方法，殺嬰是比流產安全的一種措施，而且選擇性的殺嬰還有優生的意義。在早期人類社會廣泛存在著的殺嬰風俗，實際上起著控制人口增長的作用。持這一觀點的人特別強調，相對於男嬰來說，原始的殺嬰者似乎更加偏愛殺害女嬰，由此導致的女性人口下降而直接導致了整個社會總人口的相對減少。

實際上，早在一百多年前達爾文等學者就注意到：當時澳洲、南美洲以及印度等地還處於原始狀態下的各民族男女比例極大的失調，女性在總人口中的比例遠遠低於同時代的歐洲。有人對中國新石器時代墓葬中的屍骨做了性別鑒定，統計發現從西元前六千年到西元前四千年，在兩千年間男女兩性比例從五比一下降到二點五比一，而從西元前四千年到至今的六千年間男女比例向一比一發展。同樣在歐洲等地的人口調查中也可以看到類似的演變歷程。女性占總人口的比例一直趨於上升，是隨著社會生產力的發展，殺嬰習俗隨之逐漸消失，而逐漸達到兩性比例大體平衡的。這從側面證實了殺嬰的目的是控制人口的說法。著名的英國社會學家卡爾．桑德斯分析了有史以來各個時期的人口情況，在其著作《人口問題》一書中，指出殺嬰顯然是原始社會調節人口的主要手段之一。

另有一些學者則堅持認爲，殺嬰是原始宗教的一種儀式。他們指出，愛護嬰幼兒是人類的天性，即使是原始人也不例外，散佈在全球各地的嬰幼兒厚葬墓即可證明這一點。但是，科學技術極端落後的原始人，對自然規律不瞭解，對自己改造自然界的能力缺乏認識，大多信仰天地鬼神與人能交互感應的原始宗教，認爲唯有天地鬼神的幫助和指導才能獲得豐裕和安寧的生活。因要想得到天地鬼神的幫助，就必須不時地向他們敬獻貢品，而最珍貴的禮物就是自己的嬰兒，那麼殺嬰就不足爲怪了。

在原始宗教看來，使全部族能安居樂業、繁榮昌盛最有效的手段，就是犧牲自己的孩子，能夠獻出孩子是父母巨大的榮耀，輕視甚至厭棄孩子的意思根本不存在。另外，原始宗教中有著根深蒂固的轉世思想，這使人們認爲死去的孩子將來還會復生，所以不會十分悲痛。

至於殺嬰者喜歡殺害女嬰，則可能是母系氏族社會女孩子更尊貴的反映，而到了父系社會，由於停止用女嬰獻祭，女性數量開始上升。總之，爲了生活貧困或者控制人口因而殺害嬰兒，完全是人類社會晚近期才興起的陋習，這與原始人早期的初衷是不一致的。所以說，緩解食物匱乏和控制社會人口等只是殺嬰的後果而不是原因。

近年來，有人開始提出殺嬰行爲只是原始人類從他們的動物祖先那裏承襲來的某種獸性。隨著生物學家對野生動物行爲的深入研究，大量的野外觀察記錄表明，野生動物中殺嬰現象十分普遍，從靈長類、食肉類、齧齒類，直到鳥類、魚類都有發生。動物殺嬰的死亡率竟然遠高於人類的謀殺加上戰爭造成的死亡率。

與人類最爲接近的是靈長目動物——猴子與猩猩，生物學家們著重觀察和研究的就是牠們的殺嬰習慣。如印度的一種食葉灰猴原本十分溫順合群，但在新老猴王交替的時候，牠們總會把還沒有斷奶的幼仔全部殺死。只有這樣，才能促使母猴早發情，新猴王就能與雌猴順利地交配，從而早生育新頭領的後代。某種雄性大猩猩爲了達到與雌猩猩交配的目的，還會偷偷地殺害牠的小猩猩。

很顯然，上述的例子證明大多數的殺嬰實例都與繁衍生殖有關。至於其他類型的殺嬰實例的原因，是因爲食物的匱乏，還是因爲受到人類及外界其他事物的干擾，抑或是還有另外的原因，專家們對此爭論不一。大多數專家認爲，殺嬰是有利於整個生物種群的進化的，牠們殺死瘦弱或發育不健全的個體，使健康的個體得到最大的生存空間，這使優良的遺傳特性能夠保持並得以傳播。最早的人類或許就是因爲殺嬰這一習性，才能夠生存繁衍下來的。儘管後來人們將文化、宗教、經濟等各種各樣的因素加入到殺嬰的起因之中，但其根本原因恐怕與靈長目乃至更古老的動物祖先十分相似，也就是說是其動物祖先獸性的延續。

隨著社會文明的發展，人類殺嬰的現象已經趨於消失，但這一習俗在人類社會的發展進化中曾經產生過巨大的影響，深入的研究它，不僅使我們能更深刻的瞭解原始人的起源和繁衍的歷史進程，還使我們對人類自身的弱點有自知之明，這對人類社會的進一步發展和進化無疑是有益的。

發現美洲新大陸的，不是哥倫布？

美洲，東臨大西洋，西瀕太平洋，
北接北冰洋，南隔德雷克海峽同南極相望。
美洲大陸分北美和南美兩塊大陸。
一四九二年哥倫布到達西印度群島，
一四九八年到達南美大陸北岸。
另有新說，認為在殷商時期，
中國人即已首先到達過美洲大陸。
此說有待進一步論證。

許多人可能會不相信，距今三千多年的中國商代殷人早在哥倫布發現美洲新大陸之前，就已經到過美洲了。但是，信不信由你，從歷史研究、文物發掘和考古發現看，這確實不是無稽之談。

法國有一位名叫葉德·歧尼的漢學家一七六一年以《美洲海岸中國人航跡之尋究》爲題，給法國文史學院做了一個報告。他認爲根據他在中國史書中的發現，可以說中國僧人彗深早在哥倫布發現美洲前一千年（即西元五世紀）就到達美洲了。這一新奇的說法自然引起了世界各國專家、學者的注意。由此他們便對這個有趣的問題進行研究和展開討論。我國的學者、專家如章太炎、陳漢章等人也先後發表文章，各抒己見。一九三九年，陳志良的《中國人最早移植美洲說》一文值得注意的是，該文引述大量史料，做了多種考證並創立假說，提出可能在彗深前一千年就有一部分殷民族，由被紂王囚禁過的箕子率領向東北遷徙，最後到了美洲。這一說法無疑更爲驚人，對後來的探討也頗具影響。

新中國建立後的六十年代，對我們的祖先是否在哥倫布之前到過美洲也進行過探討。但爭論的焦點是，美洲大陸是否由西元五世紀的中國僧人彗深發現的。當時，對此持肯定意見者佔優勢，而否定這一說法的學者對三十年代陳志良提出的比彗深還早的殷人東遷美洲說也一起加以批駁。

一個名叫鮑勃·邁雷爾的潛水夫一九七五年冬在美國加利福尼亞海底偶然撈到了一塊

重一百五十二公斤、中穿一孔的石塊，後來又撈起圓柱形和正三角形人工石製品十餘件。經美國聖地牙哥大學考古學家詹姆斯・莫里亞蒂博士和海洋考古學家拉里・小皮爾遜的鑒定，認爲這些石塊是來自亞洲的早期船錨，它們在海洋中已沉睡了兩千五百年之久。

莫里亞蒂博士一九七九年四月致函我國考古學家賈蘭坡說：「由於一系列的新發現，開始提供了哥倫布之前，中國人橫渡太平洋的證據。」爲此，他希望中國同行能爲「石錨」提供更充分的證據。對海運史素有研究的房仲甫，於一九七九年八月發表了《中國人最先到達美洲的新物證》一文，支持詹姆斯・莫里亞蒂博士的論點。他從中國早期航海史以及使用船錨的歷史，論證一九七五年在加利福尼亞海底發現的「石錨」可能是中國航海的遺物。翌年八月，他又寫了《中國與美洲古代交往》專稿，再次論證了中國人在西元五世紀航渡太平洋的可能性，這篇文章在國際上引起了廣泛的注意。

一九八一年十二月五日，他又發表了《揚帆美洲三千年——殷人跨越太平洋初探》一文，進而認爲中國高僧彗深，五世紀雲遊美洲還不是中國和美洲的最早交往，最早到美洲的可能是數千年前的中國商殷人，而「石錨」正是他們遺留的。與此不約而同的是，委內瑞拉學者安東尼奧・莫雷諾・維亞弗蘭卡在同年《世界歷史》第二期上發表了一篇名爲《古代已有亞洲移民到美洲的新論證》的文章，也提出了西元前一千四百年左右（中國商朝），一批移民從黃河流域向東遷徙，越過太平洋後在美洲登陸的論點。但是，加利福尼亞的歷史學家弗・弗洛斯特不同意上述這些觀點，他於一九八二年四月在美國《國際先驅論壇報》上發表了《中國石錨之謎》一文，認爲一九七五年冬，在帕洛斯・偉德斯灣的洛杉磯海岸發現的「石錨」，是在不到一百年前居住在加利福尼亞的中國漁民遺失的，不能成爲古代中國人發現美洲的證據。

房仲甫在一九八三年又發表了一篇名爲《殷人航渡美洲再探》的文章，從中國與美洲海上交往的多種發現，墨西哥發現了商代遺跡以及殷人已具有了一定的航海能力等方面，再次論述三千多年前殷商人逃亡者遇大風漂泊到美洲是可能的。

他認爲中國人自古就習於航海，古籍中就記載：夏朝第九代帝王芒曾「東狩於海，獲大魚」。既是一代國王出海漁獵，不會沒有足夠的隨從人員，也不會是獨木小舟。他還引用了不少考古和文物方面的資料，說明中國與美洲在歷史上的淵源，其中有些材料很耐人尋味。諸如：美洲有一尊裸體女神銅像，她頭戴太陽帽，坐在蛇盤繞的龜背上，雙手所提的銅牌上分別鑄有「武當山」三個漢字，秘魯公園裏陳列著一塊古代石碑，碑上有「太歲」兩個漢字，厄瓜多爾國家博物館內陳列著在其境內出土的中國王莽時期所造的銅錢，在墨西哥境內發現了面貌、服飾與華人完全相同的古佛像，美洲與中國一樣，也用十二生肖紀年，墨西哥的奧爾梅克、秘魯的查比因文明和中國商朝一樣都崇拜虎神，等等。

此外，房仲甫還特別指出在加利福尼亞海岸發現的「石錨」上，有二點五毫米至三毫米的錳礦外衣，決非不足百年之物。聯繫到近年在江蘇省贛榆縣大港頭村發現的古代石錨與加利福尼亞海岸的「石錨」極其相似，他堅信中國與美洲的海上交往史是可能上溯到三千年前的商殷時代的。

看來這一問題需要繼續探討。相信通過有關國家學者間的密切合作，有目的地進行綜合考古調查、發掘和研究，問題終究會得到解決。

五百個兒童的活祭品

祭神，
是古時人們把貢品奉於所信仰的神靈面前，
用以乞求神靈保佑平安豐收的行為，
為了表示祭者的虔誠，
人們會把最為珍重的、神靈喜歡的物品送上祭台。
在古時，人們為了表示對神的景仰，還不惜奉上生命！

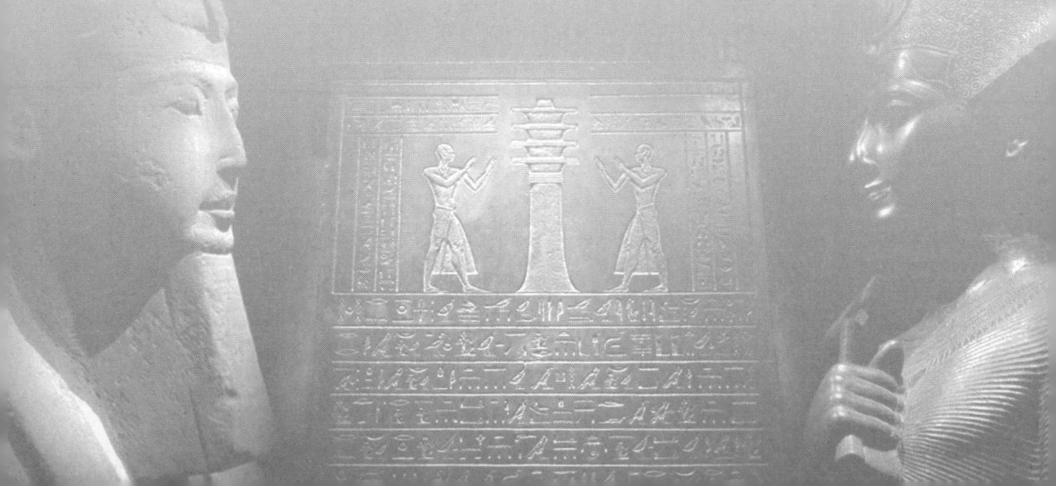

經常會在電視或電影中看到用果品和禽畜祭神的場面，但您聽說過或看過用活人祭神嗎？請看下面的場景。

場景一：

深夜，在一個怪異的青銅製巴力像前，有一大堆燒得烈焰熊熊的柴火。五百個兒童作爲獻給巴力神的祭品，一個個可能事先已割斷喉嚨的孩童，先被放在神像伸出的雙手中，接著掉下火堆在烈火中燒成焦炭。祭禮進行中鼓樂喧天、熱鬧非凡。戴上面具的舞者與具有權勢的祭司一齊主持祭禮，那些犧牲子女作爲貢品的父母，則必須站在一旁眼瞪瞪的觀看，還不准流一滴眼淚，因爲用子女做祭品獻給神是一種特權，不是一般父母可享，這種光榮只賜給最高貴的家庭。

場景二：

這是一座不高的祭台，兩側向下傾斜，形狀猶如屋頂，作爲祭品的人犧被放在祭台上，四肢捆綁著，使他受痛時無法反抗或者逃跑。接著，人們將火堆點燃，並用熾熱的烙鐵灼燒人犧，迫使人犧在祭台的兩側斜坡上痛苦地上下翻滾，這種痛苦的掙扎被認爲持續的時間越長越好。次日，人犧屍體上的肉就被一片片地割下來。

在今天的文明人眼中，上述兩個場景非常慘無人道。然而，這類用活人祭神（**例如用敵方俘虜做祭品**）的風俗，卻普遍存在於古代的許多原始部落中，亞洲、非洲、美洲、澳洲等都曾存在這種現象。在有些部落中，這種人祭風俗甚至一直流傳到近現代。

場景一發生於古代的北非名城迦太基，約西元前三一〇年。西西里島上敘拉古王國的暴君阿格多克利斯，因與鄰近城邦發生衝突，引起戰爭，被逼暫時逃到迦太基避難，親眼目睹了迦太基居民以宗教名義做出的暴行。西元前一世紀的希臘歷史家戴奧多勒斯根據阿格多克利斯目擊情況做了記載，讀來令人毛骨悚然。

迦太基被羅馬人摧毀前約兩百年，經常舉行焚燒童男童女的祭禮。腓尼基人是迦太基人的祖先，據說他們在建立迦太基前就已有了祈求豐產的獨特祭禮，希望上蒼賜福、五穀豐登、子孫安康。根據考古證明，祭神殺生在古老的迦太基非常普遍。在一些明顯是廟堂或祭爐（**附有大火爐的祭壇**）遺址，發現了大量人類遺骸（**包括嬰孩牙齒**）。以及保存完好的墓碑，上面所刻圖像一望便知是祭禮的情形。這種血腥的祭禮，被看作是精神肉體得以重生和種族綿延不絕的仙方妙法。迦太基人認爲，只要把童男童女獻給他們所崇信的神，孩子們的鮮血必然能帶來更寬裕安寧的生活。雖然遭到鄰近各國的反對，但他們仍然我行我素，對古老的神秘傳統深信不疑。

但作爲父母又怎忍心將自己的親生子女送上「祭台」，迦太基貴族往往以奴隸的子女替他們自己的子女送命。後來，迦太基在與羅馬的戰爭中連連戰敗，迦太基當權者認爲是欺騙行爲觸怒了巴力神。所以，戴奧多勒斯宣稱，阿格多克利斯見到的那次祭禮，是迦太基的貴族爲了贖罪，用自己親生子女燒焦的屍體祈求巴力神息怒。然而，這並沒有避免迦太基最終被羅馬所滅的結局。

場景二發生在南亞某部落。今天南亞的某些部落是「活人祭神」這一風俗的最持久保持者之一。有的學者認爲，印度河流域的土著部落的這種儀式和信仰，至少在西元前兩千五百年左右就已盛行，它被法律明令禁止已是西元一八三五年的事情了。那麼，他們實行了至少四千五百年的人犧儀式。

孔德人（達羅毗荼族的一支）的人犧還有一個專門的名稱——「默利亞」。「默利亞」一般是從一個專搞犯罪勾當的部落裏買來的。不過有的時候，孔德人也將自己的親生子女賣爲人犧。這些愚昧的父母竟然相信，他們的子女如此死後，靈魂會獲得特殊的幸福。孔德人往往要供養一個人犧多年。人犧由於被視作是祭神的聖物，所以生前備受崇敬和善待，所到之處人人歡迎。人犧成年後往往有另一個「默利亞」作爲配偶，他們的子女也將成爲「默利亞」。

孔德人一般在重大場合或者每年播種前的節日舉行人祭儀式。距祭神還有十天或十二天時，人犧的頭髮被剃去，全身塗滿油膏、酥油和鬱金根粉。接著舉行一連好幾天的宴飲狂歡。狂歡結束後，人祭儀式開始，在音樂和舞蹈的伴隨下，人犧被帶往離村落不遠的「默利亞樹林」，這是一片從未砍伐過的茂密叢林，專爲舉行人祭儀式。

人犧被綁在一根木柱上，全身再一次被塗上油膏、酥油和鬱金根粉，並戴上花環。眾人一邊圍著他舞蹈，一邊祝告大地：「女神啊，我們向您獻上這個人犧；願您賜予我們良好的氣候、豐盛的莊稼和健康的身體。」當對著人犧時，則這樣唱道：「我們用錢買了你，並非抓你來；如今按照習俗獻祭你，我們沒有罪。」在此期間，人們爭相爭奪人犧身上的裝飾品——花朵、鬱金根粉，乃至一滴唾沫都成了寶物，因爲他們確信人犧身上的裝飾品具有巫術作用。這種熱鬧而滑稽的場面一直持續到第二天的正午，才進入人祭儀式的高峰。

人犧再一次被塗上油膏，然後每個人都蘸一點人犧身上的油膏，抹在自己的頭上。有些地方，人們還帶著人犧走遍各家各戶。眾人或者拔人犧的頭髮，或者要人犧在他們頭上吐唾沫。這時人們既不能捆綁人犧，又不能讓他反抗，所以往往將其手骨折斷，有時甚至將其腿骨折斷；最好的辦法是用鴉片麻醉人犧，就不用採取這些措施了。

處死人犧的方法並不完全相同，除用烙鐵慢慢灼死外，還有將人犧綁在木象鼻子上處死的方式，即木象繞一根大木柱旋轉；人們在四周圍繞，等木象鼻子轉到自己面前時割一塊人犧的肉，這樣一刀一刀地將人犧剮死。

最通用的方法是將人犧絞死或者擠死：一棵大樹在中間劈開數尺，祭司和他的助手們將人犧的脖子或胸膛塞入樹縫中，並用力夾緊。然後，等祭司用斧子稍稍砍傷人犧，人群開始爭先恐後地在他身上割肉，但不觸及頭顱與內臟。

各村代表立即將這些肉帶回去。爲了儘快帶回，有的時候還動用了驛馬傳送。待在村裏的人在人犧肉送到之前，必須嚴格禁食。在全村的聚會場所，村裏的祭司和各戶的家長等在那裏接收人犧肉。收到肉後，祭司把肉分成兩份。一份敬獻給大地女神：祭司把肉埋在地上的一個洞裏，然後立即轉過身去，必須不能看見人犧肉，埋好後，眾人再各加一小撮土，最後祭司澆上一葫蘆水。另一份人犧肉按每戶人數的多少平分，各戶家長用樹葉包好，也按照轉身不看的方式埋在自己最好的田裏。至於人犧的剩餘部分（頭顱、內臟和骨頭）則在第二天早晨和一隻全羊一起焚化。此後將骨灰灑在農田中；或和成漿狀塗在住房和穀倉上，也有和新穀混在一起的，據說可以防蟲蛀。

南亞土著宰殺人犧的目的是什麼呢？可能是爲了博取大地女神的好感，以確保一年的風調雨順和莊稼豐收，即祈求大地女神保佑一年的豐收，身體健康，無災無病。比如，在上面的人祭例子中，人們儘量延長人犧的痛苦掙扎，是爲了盡可能地使他多流眼淚，因爲他們認爲，人犧的眼淚象徵著雨水，所以人犧流的眼淚越多就預示著該年的雨水越充沛。而若要鬱金豐收，則尤其需要用活人祭神，因爲他們相信，鬱金之所以會有如此深紅的顏色，是因爲人犧所流的鮮血。孔德人的人祭儀式就清楚地體現了這種信仰。

古代世界的一些原始部落爲什麼要殘酷地用活人獻祭呢？這是一種什麼樣的信仰呢？有的學者認爲，這樣做的人相信，像莊稼等新事物的誕生是以其他事物的死亡爲基礎的。沒有死亡，就沒有再生（繁殖）。這也就是說，死亡和再生是同一事物的兩個互相依賴的方面，要使人類以及其他一切生物繼續繁衍下去，就必須同時有其他人或生物的死亡，這也許是用童男童女獻祭巴力神和用活人祭土地女神的原始動機。不過這一種說法僅僅是現代文明世界學者們的推測，古代部落人的想法是否如此，我們就無從得知了。

新娘的童貞，不是獻給新郎？

處女，又稱在室之女，指未出嫁的女子。

在中國古代著作《荀子．非相》中云：

「婦人莫不願得以為夫，處女莫不願得以為士。」

在遠古時期，

人們對於一些自然現象、生理現象不能得到明確的認識，

故而產生了諸多奇特的忌諱習俗。

據《現代原始民族》一書介紹，在澳大利亞的一些原始土著部落有一種「處女禁忌」現象，部落裏如果有人結婚，人們就紛紛前來祝賀，大家盡情地跳舞、喝酒。狂歡達到高潮時，部落裏的一些人把新娘簇擁到另一間房間裏，用石器或其他什麼工具破除她的童貞。然後，由一個人帶著沾有處女血的東西向大家展示。至此，婚姻儀式才算真正完成。

這是人類早年流行過的一種很普遍的現象。在澳大利亞某些原始部落中，當姑娘到達青春期時，就由年老的婦女弄破處女膜。在赤道非洲的馬薩，在馬來亞的沙凱族，蘇門答臘的巴塔斯族都有這樣的習俗。這種習俗告訴了人們，史前人類進入文明社會之前的婚姻狀態和心理狀態的某些資訊。

誰來弄破處女膜呢？有些部落請丈夫的朋友，有的則由姑娘的父親，有的則由落部裏的特殊人物。在西里伯爾的阿爾福族那裏，新娘的父親充當這種奇怪的角色，在愛斯基摩人的某些部落裏，巫師幫助新娘弄破處女膜。在《馬可波羅遊記》中曾介紹過，雲南邊境某些少數民族向陌生人獻出童貞。在古希臘，處女在神廟前向神的代表獻出童貞。在中世紀，歐洲領主擁有姑娘的初夜權，可能也是一種處女禁忌的遺風。在印度的不少地區，新娘用木製的「神象生殖器」破除童貞。但是，完成這一人生使命的決不是新娘的丈夫。

這種文明之前人類流行過的現象反映了一種群婚的殘餘，也反映了貞操觀念是人類社會後期有了一夫一妻制婚姻後才發展起來的。在上述一些原始部落裏，新娘、新娘的丈夫，大家都不僅不重視處女的童貞，甚至對童貞懷有深深的恐懼，因此出現了由第三者幫助破除童貞的婚姻現象。對這種婚姻現象，心理學家們和對原始人類史和民俗學缺乏瞭解的人會認爲是不可思議的。但它卻真實地存在過，並且至今也還在世界的某些地區真實地存在著。那麼，這種處女禁忌是怎麼產生的呢？

有的學者認爲，這是性自由的群婚生活時代的一種心理沉澱，史前人類的性自由留下了不少殘留現象，例如婚姻性自由是一種群婚殘餘。處女禁忌由第三者，並且常常由男性真實地或儀式化地進行，據史本塞和吉蘭的有關澳大利亞部落的研究，有時由多個男子公開地、儀式化地進行，這是對古代群婚生活的一種回憶和重演，也是向群婚生活的一種告別。因此處女禁忌含有人類婚姻狀態承前啓後、新舊交替的深刻意義。

有的學者認爲，這是族民對處女流血的一種恐懼的瘋狂心理的防止。原始民族大多對紅色有一種神秘的心理，原始埋葬中常常把紅色粉末作爲殉葬品，認爲它能注入生命的活力。另一方面，原始人喝動物的或敵人的血，血會引起原始人瘋狂的殺欲。在安達曼群島上的安達曼人那裏，女孩子初潮時有許多禁忌，例如不得外出，不得用原來的名字等等。處女禁忌也可能有類似於月經禁忌那種神秘的恐懼感在起作用。害怕流血會帶來可怕的禍害，而這種禍害與結婚的喜悅是矛盾的，作爲避免的方法，就由第三者來承受可能帶來的禍害。

還有一種解釋認爲，這是一種期待和焦灼心理造成的。原始人對各種新奇的事情總是伴隨著一種神秘、緊張的心理，作爲緊張心理的外觀，往往產生種種儀式。當莊稼剛剛成熟時，當家畜生了小家畜時，當夫婦有了第一個孩子時，當一塊林地剛剛開墾時，原始人都會產生這種心理，並用一定的儀式來表示，就像今天人們建造大廈、展覽會開張要剪綵一樣。成婚是人生的一大里程碑，比出生、成人意義更加深遠，作爲一種紀念，採用類似成人禮一樣的忍受某種折磨的儀式，也就比較容易理解了。

心理分析學之父佛洛伊德則認爲，從害怕流血和戰慄與新奇來解釋，不曾觸及這種禁忌典儀的要害。

他認爲，就女性來說，初婚導致器官的受損和自惡的心理創傷，這種心理常常表達爲對於逝去的童貞的悵惘和婉惜，表現爲對奪去其童貞的人的一種深刻的惱怒。而處女禁忌則使將來要與這個女子共處一生的男人避免成爲女子內心惱怒的對象，避免婦女因童貞的喪失而產生對丈夫進行報復和敵對的心理。而對男子來說，原始人把女子看成神秘的，令人恐懼的，害怕女子在初婚時會對丈夫造成某種危險。因此，處女禁忌對丈夫也認爲是有益的。

處女禁忌是史前人類邁入一夫一妻制家庭的一個重大的事件，它反映著原始人的觀念與心理，反映著現代家庭建立的艱難歷程。直到今天，處女禁忌還或多或少地反映在男子和女子的潛意識中。因此，科學地分析處女禁忌這種神秘的文化現象，對於婚姻史、民俗學、心理學的研究是頗有意義的，它能使人正確地認識人類的童年。

沉迷性事的莫奇人

莫奇陶器上的圖案，很明顯地表現陽具崇拜，
有時更詳細描繪出多種性事的方式。
莫奇藝術只是不描繪可致懷孕的性行為。
因此，一些考古學家相信莫奇人絕非存心淫穢，
而是要利用圖畫宣傳各種形式的節育方法。
有些考古學家則不以為然，
他們相信這些反常性行為對那些印第安人，
也許具有某些宗教意義。

如果一個匆匆路過的旅客來到秘魯北部接近海岸的威魯河流域，似乎只會看到一大片乾旱貧瘠、塵土飛揚的土地。不過這個寸草不生的流域，卻隱藏著兩千年前在這裏生息的一個民族某些令人驚異的史實。這些人顯然對人類行爲較不尋常的方面，例如以活人獻祭、變態性欲和各式各樣的體形扭曲、身體殘缺等，頗有偏嗜。

我們稱這個流域的史前時代居民爲莫奇人或莫奇卡人，他們屬一個印第安部族，比印加人早一千多年興起。全盛時期的勢力範圍北至厄瓜多爾邊境，南及今天秘魯首都利馬以北的內披納河河谷。從迄今發現的遺物包括不少獨特的陪葬陶器看來，他們顯然文化發達，在性和宗教方面持有極奇怪的觀念。

雖然過去一百年間，在秘魯各地發現了不少莫奇人的文化，但要到一九四六年，哥倫比亞大學兩位考古學家斯特朗和埃文斯發掘威魯河流域遺址以後，莫奇陶器及其文化背景才逐漸爲世人所知。

斯特朗和埃文斯發掘到一座埋了五具屍骸的集體墓葬，死者中有兩個女人、一個男孩、一個成年男人和一個身分可能是戰士兼祭司的老人。發掘這座古墓揭露了許多莫奇人對死亡和死後再生的看法。

例如，從兩具女屍肢體扭曲的情況看來，她們可能是老人的妻妾，被活埋陪葬，以便來生服侍家主。男孩大概也是遭遇同一命運。那個成年男人則無疑是殉葬者，他的雙膝和雙腳都被繩子捆綁。此外，兩位考古學家掘出別的一些大小器物，有珠子、布片、廿八個陶罐、一個鑲金的紅銅口罩。凡此種種，證明莫奇人極爲注重來生，顯然想把死者連同他的所有財物送進陰間。一些墓葬甚至有一根空心藤插入死者口中伸出地面，讓死者親屬能夠繼續給死者餵食物。

不過，使我們對莫奇印第安人有更深切瞭解的，還是那些在威魯河流域遺址以及在秘魯各地出土的陶器。

莫奇人用陶器記述一個場面或一個故事，就如別的民族以繪畫、雕塑和書籍去記述歷史那樣。莫奇人沒有文字，不能憑書寫記載事蹟，他們的才能技藝都運用在製造陶器方面，大概因此而製成形制獨特的陶器，如壺嘴造成鐙形的水壺，上塑兩人攙扶一名醉漢，或繪上精美圖畫，其題材從宗教儀式、戰鬥場面，以至獵狐、斬頭莫不具備。

考古學家仔細研究這些物證，拼綴出從西元前一百年莫奇人興起，到西元七百年前後衰亡這段時間，日常生活的大致情況，外行人加以涉獵也感趣味盎然。

在莫奇人的社會中，宗教信仰及其儀式或類似的習俗，顯然起過重大作用。許多莫奇陶罐都畫上一種特別儀式：一群人向一個頭頂、雙肩發出亮光的人奉獻一隻大杯。這種儀式莫奇人認爲非常重要，正如耶穌被釘十字架之於基督徒一樣。

許多考古學家認爲大杯裏面盛的也許是人血，因爲許多這種圖畫描繪從俘虜身上放血的場面。在此種儀式上出現的其他人物，似乎是些半人半鳥，或是具有人類形象的貓科動物，這些畫面中奇形怪狀的人物總是在進行各種活動，反映出莫奇人至爲怪誕的趣味與偏嗜。一個在陶製器物上常見的形象是幾具骷髏在吹笛子，或者在進行性行爲。

扭曲的身體、奇形怪狀的腦袋等形象出現次數之多，簡直使人認爲莫奇人著了魔，要不然就是迷上了這些反常事物。許多莫奇陶器本身就是狀如死屍的盲者或身形古怪人物痛苦得死去活來的造型，這些形象有些模擬染上殘疾（如麻瘋）的人，侏儒或身體殘缺的人也十分普遍。秘魯考古學家雷伊爾認爲莫奇人可能對犯錯的族人施砍手砍足的刑罰。但這並不足以解釋出土陶器上那許多怪異醜陋的形象。莫奇人顯然崇拜扭歪變形的人或物，這無疑反映了這個部族相信事事與神秘魔力有關的傳統。

除了偏嗜怪異醜陋的形象外，許多陶器還描繪了莫奇人日常生活的種種細節。莫奇陶器描繪事物的範圍，比起其他民族所製器物描繪的更爲廣泛。各種職業和工作都在這些莫奇陶器上記錄下來，既有婦人生孩子或梳洗頭髮、漁人捕魚、戰士在山中打獵，也有各式各樣的動物的性行爲動作畫面。廚房、醫師、紡織工人、製陶工人、士兵、祭司、奏樂者等人日常工作的情形，都可以在那些陶器上看到。不管是什麼題材，這些畫總是含有說故事的成分，無論是海獅吃魚、莫奇人用吹箭管射雀鳥，或是男人女人在性交，莫不有故事。莫奇人生活的重要環節如食物、居室、等級制社會結構等，先後都在陶器上呈現。

莫奇印第安人令人詫異的特徵之一：極沉迷於各種形式的性行爲，多年來考古學家均迷惑不解。莫奇陶器很明顯地表現陽具崇拜，有時更詳細描繪出多種性事的方式。莫奇藝術只是不描繪可致懷孕的性行爲。因此，一些考古學家相信莫奇人絕非存心淫穢，而是要利用圖畫宣傳各種形式的節育方法。有些考古學家則不以爲然，他們相信這些反常性行爲對那些印第安人，也許具有某些宗教意義，但這尙待詳細研究。

不過，可以肯定的是印加人征服莫奇人後裔時，發現莫奇人盛行同性戀，男女皆然。在印加人看來，任何反常的性行爲都是可憎的，因爲他們認爲單進行性行爲而不生育是極端浪費生命的種子。印加人如果發現有人搞同性戀，必毫不容情地消滅這些人家的人口財物，以阻遏這種行爲。但他們充其量也只是局部得逞，根據歷史記載，西班牙人初到秘魯時，當地土人的反常性行爲仍然十分盛行。

從發掘許多墓址所得零星文物材料，我們可以一步步準確地拼湊出這個民族與眾不同的面貌，當然，目前資料還不足以構成完整的面貌。有許多工作仍然要學者去做，還有許多遺址尙待發掘，但一套奇怪的標準已開始露出了分明的輪廓。雖然莫奇人早已滅絕，其文化爲取而代之的印加文化掩蓋，但從他們留下來的陶器仍然可以看出許多匪夷所思的事情，那些陶器上的圖畫就是千百萬字寫成的歷史。

深埋美索不達米亞下的秘密

在美索不達米亞沙漠下，
發現了蘇美最古老的城市烏爾城。
更令考古工作者吃驚的是，
在王族墓之下，發現了整整兩米多厚的乾淨土和沉積層，
經測定，這些乾淨的黏土層應為洪水沉積後的淤土。
加之蘇美泥板上有關於洪水傳說的記載，
似乎證實了《聖經》中洪水與諾亞方舟故事的真實性。

蘇美位於相當於現在的伊拉克一帶的兩河流域，處於幼發拉底河和底格里斯河的沖積平原上。這裏雖然氣候炎熱乾燥，降水少而且集中在冬季農閒時節，但是土地肥沃鬆軟，而且兩條大河的定期氾濫給農業生產提供了有利條件。

蘇美是人類社會最早進入文明、世界上最早產生城市國家的地區之一。早在西元前五千年，就不斷有農業居民自兩河流域北部的丘陵地區遷入當地謀生。這是一群具有長期農業傳統，掌握了一定的水利灌溉技術的農民。

他們最初在幼發拉底河及其支流的沿河地與沼澤地帶建立了許多小型村社，利用定期氾濫的河水和沼澤地帶豐盛的水草、蘆葦及黏土，從事農業、畜牧業和手工業。以後隨著生產力的發展，他們逐漸開發了整個南部地區，建立了世界上最早的城市。創造了燦爛的蘇美文化。

古巴比倫創世史詩《恩努瑪．艾里施》中就有這樣的情節：當混沌未開之時，原水之神提阿馬特為報殺夫之仇，帶領一群惡魔前來與眾神惡鬥。開始時惡魔占盡上風，眾神抵擋不住，便決定召開一次眾神大會，以挑選一名勇敢善戰的人來領導大家繼續作戰，以期反敗為勝。最後他們選中了蘇美主神之一的恩基之子——年輕勇猛的馬都克。但馬都克不肯輕易接受這一任務，他向眾神提出要求，如果由他出任軍事統帥，那麼勝利後眾神必須承認他為眾神之長。

結果眾神大會經過反覆磋商，最後大家一致決定，爲了能擊敗敵人，同意馬都克的要求，授予他言出令行的最高權力。他們還宣佈馬都克爲「王」，授予了他王權的標誌：節杖、寶座，然後命令他出戰。

馬都克果然不負眾望，他身先士卒，率領眾神血戰沙場。眾神團結一心，眾志成城，結果大獲全勝，消滅了群魔。然後他們以提阿馬特的身軀造成天地，又以其情夫的血和上泥土造成了人類。從此，馬都克永遠成了眾神之王。

這個神話在一定程度上反映了蘇美軍事民主制時期，氏族管理機構還是建立在民主原則的基礎上，氏族首長與人民大會在解決有關本部落的一切重大問題。特別是像決定戰爭與和平以及挑選部落軍事首領這樣的重大問題上，起著非常大的作用。這說明在氏族制度解體到國家形成的過程中，蘇美歷史上出現過軍事民主制度，也就是所謂「原始民主制」。

但從這個神話中也可以看出，部落軍事首領的人選，已經由特定的家族中選出，並且其權力也是越來越大。隨著各部落間日益頻繁的戰爭，到了軍事民主制後期，軍事首領開始排斥人民大會和酋長會議，將大權據爲己有。逐漸的，他們又使自己的職位由選舉改成了世襲，這實際上奠定了世襲王權和世襲貴族的基礎。

再後來，隨著生產力的進一步發展，氏族內部的貧富分化、階級分化進一步加劇，氏族中開始出現了奴隸主和奴隸、富翁和窮人、貴族與平民的矛盾與鬥爭。又由於部落間的戰爭越來越激烈，作為階級矛盾不可調和的產物，國家也就取代了氏族制度。

西元前三千年左右，蘇美出現了很多以城市為中心的奴隸制小國，數目大約有十七個。人們一般稱它們為城市國家。這些小國最初規模不大，一般都是只有一個中心城市結合周圍若干的小村鎮，人口也不是很多。其中著名的烏爾城邦在最初僅有三個城市和若干村莊，面積不過九十平方公里，人口不過六千人。其他國家的規模也不過如此。

君主制的建立，為整個蘇美地區的統一奠定了政治基礎。與此同時，統一的物質條件和輿論也逐漸成熟了。當時整個蘇美地區以幼發拉底河為主幹，形成了一個完整的水利系統，它不僅對農業，而且對商業也有很大促進。同時，手工業也有了長足的進步。而商人則早已將蘇美的物產遠銷印度、小亞細亞等地。當時的戰爭，表面上是各邦統治者為爭奪土地、勞動力和水利工程控制權而進行的鬥爭，實際上它也反映了各邦人民要求統一，以從事正常的生產活動。

而蘇美自古以來就存在著許多有利於統一的因素：當地居民自視為一體，沒有優劣之分，他們還有著共同的宗教信仰和以楔形文字為代表的蘇美文化。所以，各城邦逐漸由割據向統一發展。蘇美的統一，首先是經過長期混戰，形成了南北兩個軍事聯盟：一個是以烏爾——烏魯克為霸主的南方同盟；一個是以基什為霸主的北方同盟。它們分別聯合了南北各城邦，形成了對峙的局面。

在雙方的爭霸過程中，南方聯盟逐漸佔據上風，他們在盧伽爾扎薩西的率領下征服了基什，初步實現了蘇美地區的統一。但是，盧伽爾扎薩西所建立的並不是統一的國家，而是一種聯邦性質的政治結構，和以前的軍事同盟相去不遠。因此，他的統治實際上並不穩固。結果基什王薩爾貢乘機崛起，他打敗了盧伽爾扎薩西，並逐漸統一南北各邦。蘇美地區在薩爾貢的統治下，第一次統一起來。西亞第一個奴隸制國家──阿卡德王國出現了。

一八九九年，考古學家科爾韋德在卡色爾堡遺址的土丘發現了巴比倫城遺址。「巴比倫」本意爲「神之門」，經過考證，這是古代兩河流域的最大城市，曾經是巴比倫王國（約前一八九四至前五三八）的首都。另一位考古學家德薩爾載克居然發現了一個更加古老的文明遺址──蘇美文明，起自西元前四千年左右。

一九二二年，英國考古學家倫納德·伍利爵士開始對巴格達與波斯灣之間的美索不達米亞沙漠地帶進行考察挖掘，發現了蘇美最古老的城市烏爾城，發現了一個王族墓。出土大量珍貴文物，如頭盔、刀劍、樂器，各種工藝品、泥版文書，以及蘇美女王的頭飾和「烏爾的旗幟」。

這些文物令考古工作者大開眼界，更令他們吃驚的是，在王族墓之下，伍利和其助手們發現了整整兩米多厚的乾淨土和沉積層，經測定，這些乾淨的黏土層應爲洪水沉積後的淤土。加之蘇美泥板上有關於洪水傳說的記載，似乎證實了《聖經》中洪水與諾亞方舟的故事的真實性。這些考古發掘有利地證明了兩河流域的美索不達米亞平原是世界最古老的文明發祥地之一。

根據考古資料推斷，古代兩河流域的文字體系源於蘇美。約西元前四千年代後期，蘇美人創造了圖畫式文字。到了西元前三千年代，這種文字發展成爲楔形文字。蘇美人通常用平頭的蘆杆在未乾的軟泥版上印刻出字跡，筆道呈現楔形。最初，楔形文字被刻成直行，後來逐漸演變成由左而右、由上而下的刻寫方式。

古代美索不達米亞文學作品主要有神話、史詩、讚美詩、哀歌、記事文、辯論文、箴言和諺語等形式。最著名的史詩是描寫烏魯克城英雄吉爾伽美什經歷的一系列故事。蘇美人已經具備了很豐富的天文學知識。他們在觀察月亮運行規律的基礎上編制了太陰曆。將兩次新月出現的期間作爲一個月，每月包括廿九天或三十天。全年分成十二個月，六個月爲廿九天，六個月爲三十天，每年計三百五十四天，蘇美人置閏月加以調整。

蘇美人的數學知識也很豐富。人們對一至五的數字已有了專門的名稱，對十這個數也有了特別的符號。在此基礎上，巴比倫時代的人們廣泛使用十進位和六十進位法，並把六十進位法用於計算周天的度數和時間。而且，古巴比倫人已經掌握四則運算、平方、立方和求平方根、立方根的法則。

在建築藝術方面，約西元前四千年代中期，蘇美已經出現多級寺塔的建築。寺塔一般用土坯築成，在一層層台基的最上面有一個小神廟。他們還建造了磚砌的拱門和圓柱。他們的拱門、拱頂和穹窿結構經常用於陵墓和房舍建築。他們這種喜歡在平原上堆築土丘，並在土丘上建築神廟的習慣同其他各民族相比顯得有些特別。

更特別的是，在蘇美人遺址中，發現了大量圓柱形的印章。印章大多由貴重金屬或玉石製成，並刻上精美的圖案和文字。已知的世界文明古國中，在印度河流域也出土過類似的印章。這讓人懷疑蘇美人與古印度人是否有著千絲萬縷的聯繫？蘇美人的語言含有不少漢語語音，似乎與漢語很相似。

綜合上述情況，人們對蘇美人的來歷十分茫然。他們的長相、語言、生活習俗、宗教信仰與鄰近地區迥然不同。難道他們來自南亞印度？或者來自遠東的中國？有些學者根據考古發掘斷定，蘇美人來自中亞高加索或亞美尼亞，沿著幼發拉底河和底格里斯河一直進入到美索不達米亞地區。但同時，考古學家也不應忽視蘇美人的傳說，這個傳說告訴人們，蘇美人的祖先是從海外（**或者埃及**）來到這裏。海外究竟是何處？至今還是個謎團。

愛上太陽的古埃及人

埃及人較原始的信仰是對圖騰的崇拜。
由於農業的發展，
埃及人崇拜有助豐收的大自然，水、太陽和溫暖，
因此，太陽神在埃及有著極為特殊的地位。
埃及宗教也鼓勵人們信仰各自的神，
因為他們認為，
如果所有的人都信奉同一個神，
這個神便會疲於奔命，無力對所有信眾全加福佑。

埃及的尼羅河谷和尼羅河三角洲地區是人類最早的定居地和文明發源地之一。早在兩萬年前，上埃及的尼羅河谷兩邊高地就有人類居住和繁衍。大約在西元前六千到前五千年，該地區居民開始移居尼羅河谷地，從事農牧業生產。大概是在西元前五千年或更早一些時間，上述原始埃及人的文化突然消失，代之而起的是另一種形式的文化。人們居住的是磚木屋而不是過去的茅棚，還出現了象形文字。已知爲最古老的埃及神像之一是河馬女神像，具有非洲的特徵，所以有的歷史學家認爲創造古代埃及文化和宗教的人可能與東非和西亞地區某些種族有關係。

古代埃及最早的國家雛形是州。在前王朝時期，古埃及有四十餘個州。由於州與州之間的兼併，終於在西元前四千年中葉形成上、下埃及兩個王國。西元前三千年前後，上埃及王美尼斯滅了埃及，建立了統一王國。形成了古代埃及歷史上三十一個王朝。

古代埃及宗教的一個突出的特點，就是信奉的神數目眾多，而且具有動物，各種自然物或人的形象。這些眾多的神還沒有系統化，彼此之間缺乏有機的聯繫，一個神往往由於沒有明顯的個性而與另一個神混爲一體。埃及諸神，即使是最尊貴的太陽神瑞和冥王神奧西里斯都具有動物的形象，後來才逐漸發展爲半人半獸形和人形。動物形的神，一般都是原始氏族部落社會圖騰崇拜和祖先崇拜的象徵性表現。所以，埃及眾神多是從原始時代的圖騰和祖先神發展而來。

那時候，總是強大有力的氏族長老和地區首領取得政治上、經濟上的特權，成為政治國家的世襲國王。當某個氏族及其長老成為某個地區的社會政治聯合體的首領或君主的時候，他們原來所崇奉的圖騰和祖先神一般也就成為該地區的地方保護神；當某個州成為統一王國的政治中心時，它的地方保護神也就相應地升格為全國的最高神。這是貫串於古代埃及宗教歷史發展的一條軸線，反映了從原始氏族宗教發展為國家宗教的基本過程。

在埃及統一王國建立之前，各州崇奉的地方保護神多為動物形象。牛、羊、獅、虎、鱷魚、蛇……分別為各州奉為神聖。牠們享有神聖禁忌的保護，禁止人們捕殺和獵食，這顯然是圖騰崇拜的遺存表現。西元前四千年中葉，北部尼羅河三角洲地區各州以布陀州為中心形成下埃及王國。國王奉蛇神為保護神，以蜜蜂為國徽。南部各州以尼赫布特為中心形成上埃及王國，國王奉鷹為保護神，以白色百合花為國徽。

儘管不同地區有不同的地方神和當地的眾神殿，但從埃及尼羅河的南端到北端，作為生命之神的太陽神瑞和作為死亡之神的冥王神奧西里斯大體上總是高踞於眾神殿的特殊地位，受到埃及人普遍的敬拜。瑞和奧西里斯均被國王視為與自己有血緣關係的保護神。

太陽是生命的源泉，是人類生存所依和生活所繫，因此而受到原始人類的普遍崇拜。大概是因為太陽光芒普照大地的緣故，上下埃及統一之後，太陽神就成了歷代王朝的最高保護神。從舊王朝第四王朝（前二六五〇至二五〇〇年）、第五王朝（前二五〇〇至二三五〇年）起，國王（法老）開始自稱瑞神的兒子。

在後來的歷史發展中，由於王國的分分合合，法老世系的興替代換，政治中心的不斷變遷，使那些原來局處一地的地方神上升到尊榮全國的高位，從而與世代崇奉的太陽神瑞混同或合併起來。這樣一來，太陽神瑞便從不同的時代和地區裏取得了新的動物形象。

作爲埃及統一之神聖象徵的大神，其最爲古老者可能是鷹形蒼天神霍魯斯，此神本是希艾拉孔和埃德福地區的部落神或地區保護神。這一地區的首領（霍魯斯崇拜者）約在西元前四千年末起事，完成統一全埃及的大業，建立第一、第二王朝。霍魯斯於是便從部落神中脫穎而出，成爲全國信奉的神。

在古代埃及人的宗教觀念中，鷹是太陽的象徵，太陽在天空的運行被幻想成是鷹的飛翔，所以，霍魯斯被視爲太陽神。在後來的神話中，霍魯斯又被說成是奧西里斯（太陽神之子）的遺腹子。在一些古埃及的宗教畫中，霍魯斯被描繪爲一隻頭佩日輪的鷹，或一個戴有王冠的鷹頭人。鷹（霍魯斯）與日輪（瑞）的結合、王冠（國王，法老）與鷹頭人（霍魯斯）的統一，顯然是神權與君權合爲一體的象徵，是宗教國家化的具體體現。古代埃及的國王因此而自稱是霍魯斯的化身。

第三王朝時，王都遷至孟斐斯。該地區原先崇奉的地域保護神普塔被推尊爲全埃及的主神。在孟斐斯的祭司神話中把普塔說成是最高創世主，是從原始混沌中湧現出來的埃及本身，而把太陽神霍魯斯、阿圖姆、透特（Thoth，古代埃及的智慧和文藝之神，鶚頭人身）等神降格爲普塔神的表現形式。普塔神的形象原爲牡牛形，後表現爲人形，而且手中持有象徵權力的節杖，反映了他對全埃及的神權統治。

在第五王朝「太陽之城」赫列歐帕里斯成爲統一王朝政治中心的時代，該城地方保護神阿圖姆地位上升而與瑞神統一爲阿圖姆—瑞神，成爲全國崇拜的最高神。在金字塔經文中，阿圖姆的神性變得高大而且重要，被說成是自存自主的創造主，他從該城「原始水」中浮現出來創造了諸神和宇宙。阿圖姆神的形象是獅子形，後來才常做人形。

到新王國時代（西元前十六至十一世紀），底比斯的地方貴族統一全埃及，底比斯成爲全國首都。該城地方神阿慕恩的地位也相應上升而與太陽神合爲一體，成爲所謂阿慕恩——瑞神，或阿蒙——拉神。阿慕恩爲牡羊形，在宗教畫中，被畫成有公羊般的頭，或戴著三重王冠的公羊。

二十王朝的拉美西斯三世石棺上的浮雕（現存劍橋）刻有埃及三位大神的象徵性徽志。他手執奧西里斯的雙笏，頭上是母牛女神哈棱的角和阿蒙——拉神的日輪和羽毛。棺蓋的銘文寫道：「奧西里斯，上下埃及的王，這兩個國家的主……太陽的兒子，諸神所喜愛的；王冕的主……你是在神位上。……你所向無敵，我使你在他們之中得到勝利……」奧西里斯等三位大神實際上是君權的神聖象徵和國王的保護神。

祭司神學逐漸把雜亂的神靈世界統一起來，建立一定的天國秩序。瑞神不僅被說成是世界的創造主，而且按照他的旨意建立起世界的秩序。祭司們還把這種世界秩序人格化為一個神——麥特。麥特是瑞神的女兒。她的神性代表真理、正義和秩序。眾神與世人皆必須遵守麥特立下的秩序。法老的任務就是在世界上實現麥特的秩序。在西元前一三〇〇年阿比多斯（Abydos）的法老塞提一世的廟宇浮雕上，刻著塞提一世向奧西里斯、伊西斯（Isis）和霍魯斯三位大神奉獻麥特的塑像，意在說明國王或法老是世界秩序的實現者。

但這些神與民眾信仰者也有著密切的關係。在當時的宗教觀念中，神與人是互相依賴、互有需要的。神需要人為他修建廟宇，安頓住所，穿戴衣飾，供獻食物，人則需要神賞恩賜福，保佑人無災無難，生活快樂，壽命長久。如果某人專門供奉某個保護神，那個神就專門保護賜福於他。埃及宗教鼓勵人們信仰各自的神，因為他們認為如果所有的人都信奉同一個神，這個神便會疲於奔命，無力對所有信眾全加福佑。這種神靈觀念，也是埃及神靈之所以眾多的一個原因。

古代埃及人的神靈觀念還有一個頗為有趣的特點：他們認為神會衰老，而且還可能因此而辭職讓位，將神權傳給他的兒子。古代埃及及宗教中神的神性和神靈世界的秩序與埃及社會的情況存在著驚人的相似性，在發展和演變上有著同步性。

永生的木乃伊

木乃伊，即乾屍。
古代埃及人用防腐的香料殮藏屍體，
年久乾癟，即形成木乃伊。
古埃及人篤信人死後，其靈魂不會消亡，
仍會依附在屍體或雕像上，
所以，法老王死後均製成木乃伊，
作為對死者永生的企盼和深切的緬懷。

古代埃及人相信人具有超自然的精神或靈魂，可以部分地繼續存在於個人生命終結之後。人的靈魂不只一個。第一個叫作「卡」，具有該人本人的形象。卡的含義可以說是一種「重要力量」，它比本人生存的時間更長。生前附於人體，死後繼續附於其屍體或雕像，其存在的持久程度視屍體之保存情況而定。

第二個靈魂叫「巴」，爲「永遠活著」之意，其形象是人首的鳥。巴似乎只能在人死之後才得以從身體中釋放出來。神也有卡和巴的靈魂。由於這兩個靈魂均在死後繼續存在，回到棺中，所以，人死之後其家人必須爲這兩個靈魂預備酒食，供其生活所需。

第三個靈魂是「心」。埃及人的「心」具有「良心」的含義，故認爲人的心臟具有辨別的能力。第四個靈魂是人的影像。第五個靈魂是人的名字。如果常常有人念誦死者的名字，死者就得以長生。

古代埃及人篤信靈魂不死，認爲死者和死者的靈魂（卡）將到西方（「西盧之野」）。因此，死者的陵墓均建在尼羅河西岸。西方冥世觀念看來與對「日沒於西」的經驗觀察有關。有了靈魂不死觀念，就隨之而有冥世生活的遐想。埃及人相信冥世生活不過就是生前人世生活的延續，生前擁有的現實財富就是冥世可享用的財富。從第五、第六王朝期間貴族陵墓的繪畫中可以看到，名門望族死後，仍居於綠樹成蔭、風光宜人的園林，安享呼奴喚婢，朝夕宴樂的貴族生活。

如果說太陽夕沒於西的經驗觀察，激發或強化了冥世生活的宗教幻想，那麼，太陽每天朝出於東的事實，也會使古代埃及人產生死後可以復甦的宗教觀念。同時，植物與農作物每年一度的週期性的死而復活這一現象，也可以萌生「復活」觀念。

有了這種信仰，古代埃及人便想盡各種辦法來保存屍體的不朽，並爲屍體建造陵墓。第三王朝以來，國王的陵墓則演變爲宏偉壯觀、舉世聞名的金字塔，並將國王屍體製成不朽的「木乃伊」。金字塔以古王朝時期所建最爲宏大，中王朝時期（第十一、十二王朝）不可與之相比，繼而則全然廢止不建，而在石崖上鑿製墓穴作爲替代。中等階層則將亡親葬於公墓，貧者之屍則埋於沙丘之下。

埃及人關於來世生活的宗教幻想與冥神對死者生前行爲的審判聯繫在一起而得到強化，這與他們對奥西里斯復活神話的信仰和有關的祭儀活動密切有關。

奥西里斯神話源出南埃及，此神原是植物的生長與豐產的保護神。考古發掘的奥西里斯神像，其造型是在一特製的木框中盛以肥沃的泥土，然後在土上用穀種播爲人形。另有一幅宗教畫，奥西里斯被畫成臥態，已經結穗之禾苗生長並植根於奥西里斯身體之上，一祭司手持器皿，似以甘露滋潤奥神的軀體。埃及人每年皆舉行長達十八天的祈祝奥西里斯死而復活的盛典。其間，舉行耕作播種儀式。

關於奥西里斯死而復生之事，有一則廣爲流行、深入人心的神話是這樣說的：奥西里斯原是埃及之王，是埃及國家和典章制度的創建者。其弟塞特用計將他殺死，裂割其屍，棄於四方。妹妹伊西斯到處尋找，收尋碎屍拼合起來，並化作一隻鷹，伏於屍上，感而生孕，生子霍魯斯。霍魯斯長大成人後，立志報乃父之仇，戰敗塞特，並使其父復生。塞特惡人先告狀，在諸神之前控告奧西里斯。諸神經過審訊，判定塞特所告爲誣。

奧西里斯深受古代埃及人的信仰與崇拜。他作爲植物生長之神和豐產之神，受到人們的愛戴；他無辜受害的悲慘遭遇，激發了埃及人對惡人的憎惡和對好人的同情，強化了人死後要接受神靈對其道德行爲進行審判的宗教觀念。奧西里斯因此而被推尊爲善良之神（**與惡神塞特完全對立**）、冥世之王和亡靈的審判者，他的復活則進一步加強了關於來世生活的遐想。儘管死後的審判使亡靈的命運充滿黑暗和危險，但人們希望能得到他們所崇敬的奧西里斯的福佑，可以防止埃及人最爲懼怕的東西——完全消滅和重複的死。

埃及人相信每個人死後，其亡靈都要到冥間審判台前接受冥王奧西里斯和由四十二州地域保護神組成的陪審團對他的審訊。亡靈則應向諸神報告自己生前的善功與惡行。當然，他得說自己諸善甚多，諸惡未作。神爲檢驗亡靈供詞的真假，便將此人之心放在天秤的一端，另一端則放上公正之神麥特或象徵她的一片羽毛，由霍魯斯和阿努比斯神（**神話說他為亡靈通往冥間引路，在對死者的審判中主管稱量心臟**）根據兩端之輕重以驗證其所供的真僞。如兩端平衡，則證明所供屬實，當然無罪開脫；若竟無公正之神或一片羽毛那樣的重量，則證明所言是虛，當判其有罪，遂將其心抛至門外，隨即被等候在那裏的狗形怪魔吞吃掉。

爲此，古代埃及的祭司們想出了一種對付審判、逃脫此厄的辦法：在人死後即將其心剜去，代之以一顆假心。其用意可能是，即使假心被吃，其真心仍在。埃及宗教所謂的「罪」，其內容大體有兩類：一爲對神犯下的罪，如掠取神廟的財物，削減和偷竊祭神的供物之類，二爲對人所犯的罪，如殺人、偷盜、姦淫、誹謗等等。

爲幫助死者之靈通過冥間審訊，祭司們爲他們編寫了一套回答審訊的標準答案，提供出各種通過審訊的巫術方法，是爲《死人書》。此類巫術方法和有關的符咒，最古老的可追溯到第五、第六王朝書於法老陵墓牆壁上的金字塔文。中王朝時期，則見於達官貴人的石槨之中。以後，由於此類文字日益冗長，便書於紙草卷上，放置於死者屍體胸前。《死人書》的內容除上述之外，還有有關喪葬禮儀的戲曲，獻給神靈們的祈禱文、詩篇和神話。

冥世審判的信仰一方面使善良人因對審判的恐懼而更加約束自己的行爲；另一方面，則使那些本性不善的惡人因有祭司提供的答辯詞和免罪巫術而可能更加肆無忌憚。事實上，後一方面的影響可能更大。人們相信，只要借助於《死人書》及其提供的免罪巫術，亡靈可保逢凶化吉，遇難呈祥；甚至相信《死人書》中某些巫術符咒可以護身，有些符咒還可賦予亡靈以變化爲種種動物的法力。

埃及宗教認爲巫術和宗教儀式都可以防範超自然神秘力量的危害與威脅，是保障人們生活與生命安全的工具。在埃及宗教中，巫術與宗教儀式的界線是模糊不清的。祭司指導下的合乎儀規的宗教儀式被認爲可獲得巫術式的神力，達到所希望的效果。

相比之下，古代埃及人對於神靈的虔誠信仰倒顯得並不怎麼重要。對神的禮拜是最重要的儀式活動，而敬神禮拜中最重要的是潔淨禮。不僅禮拜的人要潔淨，神的偶像也要潔淨。神廟清晨開門，晚上關門，關門與開門都有許多規範化的儀式動作。

古代埃及人爲達到個人實用的目的，還使用各種巫術手段。巫術活動遍及於民眾生活的各個領域，常見的有如下幾種：「祛病巫術」；此種巫術與古埃及的醫術關係密切。醫書中的許多處方都附加有祛病的咒語；「禳厄巫術」是用於避除毒蛇、毒蟲，鱷魚和種種猛獸傷害的咒術；「天候巫術」與控制天象和氣候有關，其中包括有鎮伏太陽神拉的敵對者的巫術，《鎮伏拉的仇者波普之書》即載有此類儀式，底比斯神廟作爲崇拜太陽神的中心，其祭司每日必誦此書，同時還念誦咒語，施術作法，以確保陽光普照；「致厄巫術」則是借巫術致禍于人的黑巫術。

古代埃及人神靈觀念發展的結果之一，就是要求信神者把幻想中的神靈具體化爲可感的偶像，並爲之提供生活起居和供人瞻仰禮拜的場所，這就導致神廟的興建。各種主要的宗教活動於是便以神廟爲中心進行。埃及神廟的建築式樣不盡相同。一般說來，大致是在神廟中設一密室，安置神的偶像。密室之前爲連柱堂，堂的前方設立祭壇，神殿周圍有用牆圍著的庭苑，苑內建有小房，收藏祭物，並供祭司使用。

有了神廟和神的偶像，神就生活於其中，就得有一批專門侍候神靈、進行宗教禮拜儀式活動的神職人員，於是便出現了祭司。

祭司的基本職務是主持宗教活動的儀式。日常任務則是開放聖殿，爲神像洗澡、穿衣、裝飾、奉獻與帝王日常飲食一樣的食物和飲料。祭司與俗人的區分是隨著歷史進程而日益嚴格的。大的神廟有四個主祭司（「先知」），還有爲數不少的次級祭司以及歌唱者、音樂師、文士和奴僕。他們之間有嚴格的等級劃分。

神廟裏供著神的偶像，成爲神的寓所，這就使它蒙上了神秘的氣氛，成了給信仰者啓示和訓誡的中心。信眾爲求神恩，經常向神奉獻祭物。國王和貴族也賜給神廟以土地、財物和各種特權。據記載，拉美西斯末年，埃及寺廟擁有耕地三十萬公頃，擁有奴隸十萬餘，牲畜四十九萬頭之多。祭司貴族與世俗貴族一起構成統治集團的最上層。法老則既是一國之君，又是祭司之長，是神權與君權的統一，其權力超越二者之上。

征服時光的金字塔

埃及金字塔為古埃及法老王的陵墓。

而按金字塔精確設計出來的模型，裏面會形成強大的磁場。

有人把一些用鈍的刮鬍刀放置在金字塔模型裏，

經過十二小時，刮鬍刀竟變得鋒利如初。

這個試驗只要求遵守一個原則：刀口必須對著南極或北極。

經過這樣處理之後，刮鬍刀變得十分耐用，一把可使用五十次。

這種試驗還在其他許多地方進行過，都取得了成功。

位於埃及尼羅河下游，開羅以南十千米的金字塔是世界七大奇跡之一。它建造於約四千五百年前，外形是四角錐體，因爲形狀像中國漢字中的「金」，故人們稱其爲「金字塔」。

金字塔歷來被認爲是法老的陵墓。但是，考古學家、心理學家和秘傳研究的學者並不都同意這種見解。一些研究秘傳的學者認爲，坐落在埃及等地的每一座金字塔都可能是一個巨大的文化、祭祀和能量聚集的中心，在裏面可以使人知道宗教的奧妙，接受宗教的考驗，實踐宗教的課程。在裏面甚至還存放著許多經書。

而聚集在金字塔裏的能量強大無比，它可以影響到四周地域的氣候變化。還有一種說法，最後一批離開文明的埃及聖人才子，爲防範後人破壞他們的創造物，就是利用金字塔的能量摧毀赫奧普斯金字塔周圍一切，使之成爲一片茫茫沙漠……近代科學家已經掌握了建造金字塔模型的技能，並從中得到了類似的能場。科學家們懷著極大的興趣研究這種能場的效力，從而開拓出一條廣闊的科研道路。

按金字塔精確設計出來的模型，裏面會形成強大的磁場。用鐵屑散佈在模型周圍做試驗證實了這一磁場的存在，鐵屑被構成了一條條不尋常的奇妙曲線。那麼如何應用這種磁場呢？這正是科學家給自己提出的一個問題。

二十世紀四十年代在捷克斯洛伐克進行了一次試驗，曾轟動一時。有人把一些用鈍的刮鬍刀放置在金字塔模型裏，經過十二小時，刮鬍刀竟變得鋒利如初。這個試驗只要求遵守一個原則：刀口必須對著南極或北極。而且經過這樣處理之後，刮鬍刀變得十分耐用，一把可使用五十次。這種試驗還在其他許多地方進行過，都取得了成功。

據說，十四到十五世紀之間，布拉格有一位著名的軍械師，他有一把特別經久耐用的馬刀，總是要存放在一間暗樓裏。現在看來，這種暗樓的奧妙之處，可能就是按金字塔的模樣設計成的。

今天世界許多國家都有專門研究金字塔能的科研機構。其中最爲出名的是在美國加利福尼亞州，它有世界上最精確的一人高金字塔小模型。在加利福尼亞州已有許多按金字塔原理建造的住房、旅館、醫院、教堂等各種建築物。住在裏面，會給人以良好的感覺。

美國國家航空航天局最新研究指出，金字塔在相當大的程度上影響空氣離子化，促進帶陰電的離子形成，對人是大有裨益的。動物也是這樣，特別是貓總喜歡鑽進金字塔模型裏去，在裏面似乎感到十分安全舒適……

其實，一般人也可以進行金字塔能的試驗。這種試驗條件並不複雜，只要嚴格按比例製造就行了。模型的大小，使用的材料並不重要，你可以用木料，也可以用鋼鐵或銅製造。外表和地板不要做任何裝飾。很重要的一點是地板的四邊的一個邊長應對準北極。試驗時，東西可直接放在地板上。要製造較大的金字塔模型，可以按一般金字塔高的五分之一建造。這與赫奧普斯金字塔裏皇室規模相當。爲了使模型裏或周圍不產生其他電場，在離金字塔模一到二米的地方不能放置電器、帶磁場和散熱器。因電視可散發射線達幾米之遠，應離得更遠一些。

將水果、蔬菜、麵包、肉、蛋和其他食品放在裏面，可起防腐作用。如把蘋果放進去，可保持很長一段時間不會爛掉，只是表皮變皺。爲了證實這一功能，你可以使用同樣的東西，一個放在裏面，一個放在外面做對比試驗，結果一比較就很清楚，兩者情況大不一樣。

在胡夫金字塔的墓腳有一堆亂石。一九五四年，人們在清除這堆亂石時發現了石牆和用巨大的石灰岩石料砌成的封頂。拆除了部分石牆後，考古工作者發現了兩個在基岩中鑿出的碩大的坑。於是他們發掘了其中的一個坑。

坑裏埋藏的不是法老或他的后妃，也不是金銀財寶，而是一條被拆卸的古船。此船被拆成一千兩百二十四塊，按船的形狀有順序和規律地堆放在一起。考古工作者歷盡艱辛，花了幾年的時間才把這些零件組裝成船。

這條船船身細長，頭尾高翹，有甲板室，長四十三米。船殼採取縱向縫合的方式，然後用銅箍加固，再用防水劑抹縫。船上使用的槳，酷似中國的梭鏢，一點也不像中國江河裏的木船使用的槳。

胡夫是埃及第四王朝的法老，距今已四千六百年。從胡夫金字塔裏發掘出來的這條船，是世界上最古老的船。由於船塚密封良好，古船出土時不但沒有腐爛，甚至能聞到木料的芳香。上世紀六十年代，埃及在金字塔下建立了古船博物館，將其置於密封的透明陳列室內。

然而，這條古船當時到底有什麼用途呢？學者們眾說紛紜，莫衷一是。爲了揭示其中的奧秘，爲了研究古船與古埃及的歷史和文化，埃及考古組織決定在美國《國家地理》雜誌的幫助下，於一九八五年發掘第二個坑。這次發現了又一條三桅帆船，也是拆卸成許多船板或零件，按船形有條不紊地堆放在一起的。在船塚墓室的西頭，地上有一些木板、銅箍和從頂蓋掉下來的抹縫的灰泥。第二個船塚中的古船，經對比研究，發現它跟從第一個船塚出土的古船極其相似。

人們最感興趣的是這兩條船的用途。多數學者認爲，這兩條船是姊妹船，都是靈船。胡夫死後，一條船載石棺，一條船載內棺和屍體，一前一後，向金字塔腳下的一座廟宇駛去。運到後，屍體和棺材被抬上岸，沿專門修建的道路抬進廟裏。一生叱吒風雲、享受榮華富貴的君王，便在這兒的地下安葬。

有人認爲，這是胡夫生前朝聖用的兩條船：一條船去開羅上游的聖城，一條船去開羅下游的聖城。然而，持這種看法的學者專家完全是猜測，也拿不出什麼證據。因此又有人認爲，這是埃及法老胡夫的亡靈乘坐的日月之舟。據埃及的一個古老傳說，太陽神乘著一隻小舟，在天海向西航行，黃昏時爲天神所吞食，可是到黎明時又獲得新生。法老跟太陽神有關。他死後便乘船升天，在天海乘太陽船西行，到晚上便換乘月亮船。

還有人持另外的見解。在胡夫時代，尼羅河平原上河流縱橫，船是一種極其重要的交通工具。據迄今發現的許多墓室壁畫，上面都有這樣或那樣的船。古埃及人還乘船在沼澤地或蘆葦蕩打獵。古埃及人也造海船，跟地中海的其他國家進行海上貿易。船塚裏埋的這兩條船，便是供胡夫死後用的。可是，爲什麼這兩條船都拆卸成一塊一塊的呢？真叫人困惑不解。

在埃及大大小小七十多座金字塔中，最大的胡夫金字塔工程浩大，從佈局和藝術水準看，十分科學、精巧，而其中一系列數字就更具有神奇之謎趣。建造金字塔的時候，當時的尺度單位是庫比特，一庫比特約合六十三點五八釐米。這個長度是從國王的肘部到手指尖的長度。地球的平均半徑是六千三百五十七千米。這個數字的千萬分之一恰好是一庫比特。大金字塔的四個底邊平均長兩百三十點三六米，把它換算成庫比特單位，是三百六十二點三一庫比特，這個數字跟一年的天數是多麼接近！

現在測得金字塔實際高度爲一百三十七點三米，但是塔的頂部已有些塌落，不然它會更高。有人從幾個斜面的傾角推算了一番，斷定塔頂最初的高度當爲一百四十六點七米。

這個數字的十億倍，約等於地球到太陽的平均距離。把塔本身的重量乘以十億，又恰好是地球的重量。塔的四個底邊之和，除以高度的兩倍就得三點一四，這真是令人驚奇的數字——圓周率！人們知道，在大金字塔建成兩千年後，數學家才把圓周率計算到小數點以後兩位數的。

從大金字塔的正前方看，各側面都是正三角形，但如果從與側面平行的位置看，卻是等腰三角形，頂角不是六十度，而是五十一點五二度，從力學的觀點看，這樣的角度不是穩定的。大金字塔高度的平方，約爲兩萬一千五百二十米，而其側面積爲兩萬一千四百八十一平方米，這兩個數字幾乎相等！

從金字塔的方位來看，四個側面分別朝向正東、正南、正西、正北，誤差不超過零點五度。在朝向正北的塔的正面入口通路的延長線上，放一盆水代替鏡子用，那麼透過狹長的通路，北極星便可以映到水盆上面來。

有關金字塔這些謎一般的數字是純屬巧合，還是另有其科學根據呢？研究者們對此爭論不休，隨著「金字塔的建造者有可能是外星人」的假設的提出，這些數字越發令人興趣倍增。

以牙還牙的真實意義

一個人被打瞎了一隻眼睛，
對方就要同樣被打瞎一隻眼睛作為賠償；
被人打斷了腿，也要把對方的腿打斷；
被人打掉牙齒，就要敲掉對方的牙齒。
這就是《漢摩拉比法典》所記載的條文，
也是人類迄今發現最早的法典。

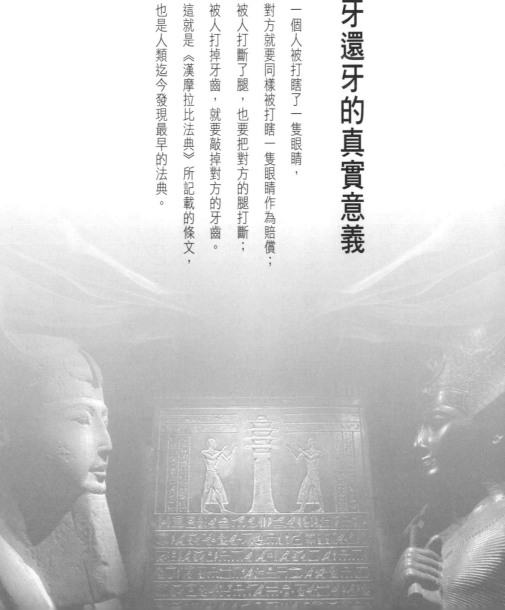

有一句成語叫作「以牙還牙，以眼還眼」，比喻用對方所使用的手段來還擊對方。這個成語的起源還跟一部古巴比倫的法典有關聯。

爲什麼這麼說呢？

四千年前的古巴比倫王國位於幼發拉底河和底格里斯河流域，大體位置相當於今天的伊拉克。西元前一七九二年，漢摩拉比成爲古巴比倫國王。漢摩拉比是一位很有才幹的國王。他勤於朝政，關心農業、商業和畜牧業的發展。他在位的四十年間，把巴比倫變成了一個強盛的國家。

漢摩拉比關心人民的稅收狀況，每天要處理各種各樣的案件。由於許多人把一些很雞毛蒜皮的事情也要拿來跟國王申訴，因此案子多得簡直讓國王應付不了。是不是有必要制定一些行之有效的法律條文呢？漢摩拉比仔細思索了許多日子。他讓臣下把過去的一些法律條文收集起來，再加上當時社會上已形成的習慣，編成了一部法典。那個時代沒有紙張和書籍，爲了方便人們閱讀和參考，漢摩拉比命令把法典刻在石柱上，豎立在巴比倫馬都克大神殿裏。

這塊石碑高二點二五米，底部圓周一點九米，頂部圓周一點六五米。在石碑上半段有一幅精緻的浮雕，刻畫的情景是古巴比倫人崇拜的太陽神——沙馬什——端坐在寶座上，古巴比倫王國國王漢摩拉比，恭謹地站在它的面前，沙馬什正在將一把象徵著帝王權力標誌的權標，授予漢摩拉比。石碑的下半段，刻著的就是漢摩拉比制定的那部法典，是用楔形文字書寫的，這種文字當時只有王室才使用。這部法典一共有兩百八十二條，刻在圓柱上共五十二欄四千行，大約八千字。這就是歷史上著名的《漢摩拉比法典》，也是世界上最早的一部比較系統的法典。

漢摩拉比法典分爲序言、正文和結語三部分。正文共有二百八十二條，其中包括訴訟手續、盜竊處理、租佃、雇傭、商業高利貸和債務、婚姻、遺產繼承、奴隸地位等條文。漢摩拉比法典比較全面地反映了當時的社會情況。

在巴比倫社會中，除了奴隸主和奴隸，還有自由民。這部法典的很多條文是用來處理自由民的內部關係的。處理的原則就是我們常用的那句成語「以牙還牙，以眼還眼」。現在我們通常用的則是這個成語的比喻義，可是四千年前的古巴比倫則創造了它的基本義。比如，兩個自由民打架，一個人被打瞎了一隻眼睛，對方就要同樣被打瞎一隻眼睛作爲賠償；被人打斷了腿，也要把對方的腿打斷；被人打掉牙齒，就要敲掉對方的牙齒。甚至有這樣的規定：如果房屋倒塌，壓死了房主的兒子。那麼，建造這所房屋的人得拿自己的兒子抵命。

但在階級分明的社會裏，「以牙還牙，以眼還眼」並不是通用的處罰方式。漢摩拉比法典對奴隸主、自由民、奴隸有著不同的規定：如果奴隸主把一個自由民的眼睛弄瞎，只要拿出一定數量的銀子就可了事。如果被弄瞎眼睛的是奴隸，就不用任何賠償。奴隸如果不承認他的主人，只要主人拿出他是自己奴隸的證明，這個奴隸就要被割去雙耳。法典甚至規定奴隸打了自由民的嘴巴也要處以割耳的刑法。屬於自由民的醫生給奴隸主治病，也是膽戰心驚的。因爲，如果奴隸主在開刀的時候死了，醫生就要被剁掉雙手。

爲了鞏固奴隸主的統治，法典還規定了一些更嚴厲的條款：逃避兵役的人一律處死；破壞橋樑水利的人將受到嚴厲處罰直到處死；說明奴隸逃跑或藏匿逃亡奴隸，都要處死；如果違法的人在酒店進行密謀，店主如果不把這些人捉起來，賣酒人也要被處死。

巴比倫社會裏自由民還包括租種土地的小農。他們也受著奴隸主的沉重剝削，他們每年要把收穫量的三分之一，甚至是二分之一繳給出租土地的奴隸主。法典中還規定：債務奴隸勞動三年可以恢復自由。但這僅僅是給自由民的一點小恩小惠。奴隸主逼迫一些還不起債的自由民成爲債務奴隸，反過來又用這種規定來籠絡他們。

有個名叫烏巴爾·沙馬什的小農，租種奴隸主義魯姆·巴尼一小塊土地，全家人累死累活地幹了一年，好不容易盼到了秋收。但是，糧食剛收上來，義魯姆·巴尼就瞪著血紅的眼睛上門逼租了。富商伊興杜姆也上門索取烏巴爾·沙馬什這年春天向他借的五百斤糧食。烏巴爾·沙馬什交了租，還了債再交完了各種苛捐雜稅，一年的勞動成果全部付諸東流。烏巴爾·沙馬什只得把子女賣爲奴隸，他本人也淪爲債務奴隸。

正是依靠這部法典，漢摩拉比時代的巴比倫社會，成爲古代東方奴隸制國家中，統治最嚴密的國家。

但是這部法典並沒有在巴比倫遺存下來，許多人曾經試圖尋找，但並沒有發現法典的蹤影。它跑到哪裏去了呢？

一九〇一年十二月，由法國人和伊朗人組成的一支考古隊，在伊朗西南部一個名叫蘇撒的古城舊址上，進行發掘工作。一天，他們發現了一塊黑色玄武石，幾天以後又發現了兩塊，將三塊拼合起來，恰好是一個橢圓柱形的石碑。當把圓柱挖掘出來的時候，考古人員發現上面刻有字跡優美的楔形文字，其中有少數文字已被磨光。但除了正面七欄已經損壞外，其餘的內容基本完整。令人驚奇的是，這無意中發現的石碑，就是失蹤千年的漢摩拉比法典！

那麼這部石柱法典爲什麼會從巴比倫「跑到」蘇撒呢？

原來蘇撒也是一座五千年前的古代都城。西元前三千多年前，在今天伊朗迪茲富爾西南的蘇撒盆地有一個強大的奴隸制王國，叫埃蘭。古城蘇撒就是埃蘭王國的首都。西元前一一六三年，埃蘭人攻佔了巴比倫之後，便把刻著漢摩拉比法典的石柱作爲戰利品帶回到了蘇撒。埃蘭王國後來被波斯滅亡。西元前六世紀時，波斯帝國國王大流士上台後，又把波斯帝國的首都定在蘇撒。那麼這個石柱法典便又落到了波斯人手中。

那麼發掘出來的圓柱正面七欄已被損壞，又是怎麼回事呢？原來，埃蘭國王打算在圓柱正面刻上自己的功績。可是，在毀去原來的字跡後，不知爲什麼並沒有刻上新字。

現在，這件稀世珍寶收藏在巴黎的羅浮宮博物館。圓柱上被塗毀的七欄文字，可以根據後來發現的漢摩拉比法典的泥版文書進行校補。在考古學有更新的發現之前，「以牙還牙，以眼還眼」的石柱法典，仍是世界上現存的一部最古老最完整的法典。

古巴比倫的神話

諸大宗教都曾從古代宗教承襲它所需要的因素。
猶太教《聖經．創世紀》中，關於上帝創世、造人，
以及洪水滅世，諾亞方舟等神話故事，無疑均以巴比倫神話為本。
基督教中有關復活的教義和信仰，
也來源於古代巴比倫宗教的復活神話及其祭祀儀式。

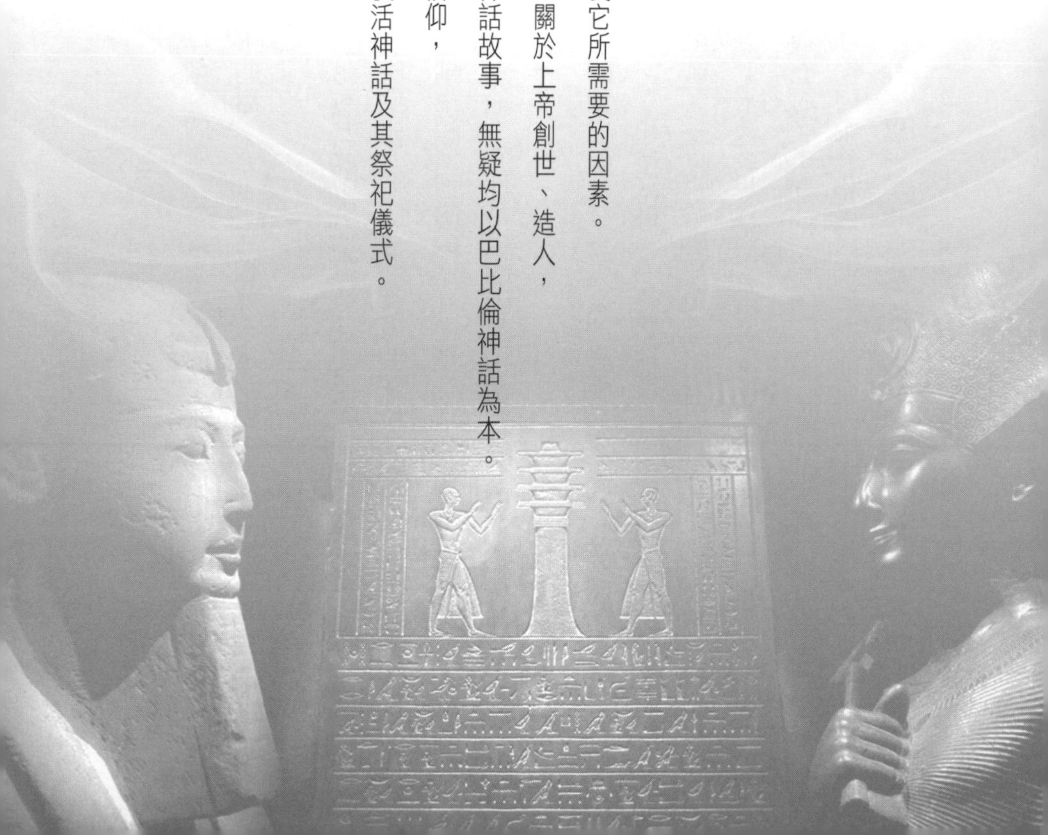

創世神話

在《埃奴瑪·埃立希》中談到了世界創生的過程：最初的世界是水汪汪的一片混沌和海洋，只有「海」——提阿瑪特和「地下的甜水」——阿帕蘇。這兩種原始的水滲和在一起，諸神於是從水中誕生。

第一對神是拉姆和拉哈姆，代表了淤泥的力量；第二對神是安夏和基夏，代表了地平線的力量，他們產生了天神安努；安努接著產生了流動的甜水神伊阿。這個故事力圖把諸神串連爲一個譜系，以象徵性地說明世界創生和演進的順序：先是一片汪洋（洪水），然後從洪水的消退過程中產生了淤泥構成的大地；而地平線的出現則預示著天與地的分離而形成了天。這裏已暗含了著名的洪水神話。

創世神話在一張叫作「安：阿納姆」的神名表中有更完全的表現形式。傳說的開頭與上述故事有些不同。拉姆和拉哈姆產生了圖立和達立這一「時間循環」；圖立和達立依次產生「時間循環的力量」：恩夏和寧夏，稱爲「時間循環神和時間循環女神」。恩夏和寧夏創造了地平線的循環週期。安夏和基夏似乎被設想爲沿宇宙邊緣積存下來的淤泥。神名表接著提到的是天與地的地平線，然後便形成天和地。

按照《埃奴瑪·埃立希》神話，諸神從阿帕蘇和提阿瑪特內部產生出來之後是富有生氣的生物，他們與代表惰性與休息的阿帕蘇、提阿瑪特形成鮮明的對照，從而導致一系列的衝突。阿帕蘇首先被伊阿殺死。提阿瑪特勃然大怒，向諸神進攻。諸神集會推舉伊阿之子馬爾都克爲首對陣。

馬爾都克勇猛戰鬥，殺死提阿瑪特，把她的身體像切魚乾似的劈爲兩半，一半做成天，一半做成地。還在天上安排標誌時間的太陽、月亮和星星，使它們按規定的路線運行。馬爾都克還刺破了提阿瑪特的眼睛，使底格里斯河和幼發拉底河向前流動。然後把軀體的部分變成山脈，使底格里斯河的各條支流從她的乳房中流出。馬爾都克原是巴比倫城的地方神。他在神話中被抬高爲創世之主，顯然是巴比倫城戰勝其他城邦，成爲巴比倫帝國的政治中心之後的產物。

人類起源神話

古代巴比倫宗教對於人類的起源有兩種不同的傳說。蘇美人的經文說第一批人是以草的形式從地上長出來的。在其中一篇發明鋤頭的神話還做了一些較爲具體的敘述：英利爾將天從地上分離開，以便騰出地方讓種子出土。他發明了鋤頭以後，就用鋤頭打碎了烏楚木阿（此地即在尼普爾的伊蘭拉廟裏）地面的硬殼，人類於是才得以破土而出。這則神話把人類的誕生當成農作物的生長，顯然是農業社會的概念，而且是在發明了鋤頭之後。

另一種傳說則認爲人類是由神創造的。在蘇美人的一則名爲「恩凱和寧馬克」的神話中，說人是由恩凱用阿帕蘇（地下水）的泥做成，由其母蘭姆養育長大。按照阿卡德人的傳說，則是按恩凱的建議殺死了一個神，並讓生育女神寧特爾將他的血肉和泥滲和起來，然後又讓十四個子宮女神用以懷孕，生下了七對人。他們繁衍了整個人類。巴比倫人和亞述人的人類起源的神話與此大同小異。

按照上述神話，人類的性質部分是世俗的泥土，部分是神靈的血肉。由於被殺神靈的靈魂附在人的肉體上構成了不死的部分，得以在陰間過著來世生活。

復活神話

女神伊斯塔爾的情人植物保護神達摩茲死去，她爲救其生命，來到冥世尋求生命之泉。冥世有七重門，伊斯塔爾每過一重門都要脫下一件衣服，她最後脫光衣服，被冥世女神關進了牢獄。

然而，地上的植物因爲達摩茲的死去，皆失去了生命，樹葉落盡，枯萎而死。於是諸神同時遣使冥世，請求把伊斯塔爾免罪釋放，讓她求得生命之泉，救活了她的戀人。伊斯塔爾與達摩茲的婚姻，象徵著生物的繁殖，所以她被古代巴比倫人奉爲性愛之神、愛護自然物生命之神，受到廣泛的崇拜。

洪水神話

貝爾神惱怒世人，決定發洪水毀滅人類。伊阿神事先吩咐一位住在河口的老人選好一隻船，備下所有的東西。暴風雨一連七天，諸神都戰慄地逃到天上。風雨停止後，老人打開船窗一望，見無數死人漂浮水面，不禁放聲大哭。他駕船漂流兩天才見到陸地上的山。他便陸續放出放在船上的生物，老人還爲諸神獻祭。諸神正因人類全被淹死，香火斷絕，饑腸轆轆，忽聞老人祭物的香味，饞涎欲滴，齊集祭物之上。貝爾神因伊阿洩露天機，滅人計畫未獲成功，對伊阿大加斥責，從而引起諸神之間的矛盾。最後達成協議，承認那河口老人及其妻子爲神。

洪水神話可能是兩河流域地區洪水大災的歷史回憶。近年在烏爾地區的地下發掘中發現八尺厚的黃泥之下，有城市的遺址和居民的傢俱用物，推斷其時代爲西元前三千兩百年。在烏爾之北又掘得一座古城，上有兩層泥沙，內有小魚，這次洪水當在西元前四千年，兩河流域是人類文明的發源地，它的宗教也影響了西亞地區的各種大宗教。

當時這個地區的諸種宗教都是各民族所建國家的民族宗教或國家宗教，他們所崇奉的神靈，進行的宗教活動，都具有強烈的地方性和民族性，因此，一當民族國家消滅之後，這種民族性的國家宗教也就逐步被新的民族宗教或國家宗教所替代。當屬於雅利安種族的波斯人、希臘——馬其頓人征服和統治這一地區之後，古代巴比倫尼亞地區的宗教也就走向消亡。

但是，後來的諸大宗教都曾從古代宗教承襲它所需要的因素。猶太教《聖經．創世紀》關於上帝創世，上帝造人，洪水滅世，諾亞方舟等神話故事，無疑均以巴比倫神話爲其原本。基督教關於復活的教義和信仰，也來源於古代巴比倫宗教的復活神話及其祭祀儀式。

沉睡地底的埃伯拉古王國

一九五五年，
一個敘利亞農民偶然挖出了一件奇物，
一個用灰色玄武岩雕成的獅子和一個盆子，
盆的周圍刻有行軍的武士和宴會的情景。
當時誰也沒想到，
十幾年後，就在此地的黃沙堆下面，
竟發現了一個從未為人所知的埃伯拉古國遺址。

一九六二年，二十二歲的義大利考古學家保羅．馬蒂埃帶領一支考古隊到敘利亞考察，他們在阿勒頗以南的特爾——馬蒂克村附近的一個地點進行發掘，這裏正是七年前發現石獅和石盆的地方。這裏的城牆，尙有十五米長的城牆殘存著。一年後，又發現了一個小房間，裏面有四十二塊散落在地上的碑牌，上有楔形文字，它的內容證實了這裏確是埃伯拉城，亦即消亡了的埃伯拉古王國的首都。

另外，馬蒂埃還注意到，這裏有一個面積爲五十八公頃，高十五米的乾燥多灰的大土包，他認爲，在敘利亞平原上出現這種大土包是罕見的現象，因此這位考古學家推測，這個大土包下或許埋藏著某種人工建築物。

一九六四年九月十三日，發掘工作正式開始。四年後，在一個炎熱的日子裏，發現了一塊用玄武石雕刻成的無頭男人像，約屬西元前兩千年代的古物，服飾高貴，儀態大方。雕像的兩肩之間，用阿卡德楔形文字刻有廿六個字跡，從上至下譯作現代文是：「埃伯拉國王伊貝特．利姆，把這尊雕像貢獻給阿斯特爾神殿。」埃伯拉——這一激動人心的詞，馬蒂亞突然意識到，他可能將發現一座像特洛伊一樣的古代名城。

最具有歷史意義的還是一九七五年九月的最後一天，考古隊在一個房間裏發現了約一點五萬塊泥版文書。隨著又在另外兩間房裏發現了約一點六萬塊泥版文書。這樣大量的泥版文書的發現是史無前例的，它轟動了世界，因爲一個早已消亡的並沉睡在地下幾千年的文明古國的奧秘將可能由此揭開。

埃伯拉楔形文字是最古老的塞姆語，是蘇美楔形文字演化爲阿卡德楔形文字的過渡文種，專家們花費了很多精力，終於將其主要內容譯編出來並陸續寫成科學報告，在歐洲、美洲、阿拉伯國家的一些城市裏相繼出版，一個古老文明國家的奧秘初步展示在現代世界面前。

在埃伯拉遺跡發現以前，世界上任何人對它都一無所知。從埃伯拉大量的泥版文書中可以看出，在西元前三千年代的一段時間裏，埃伯拉曾是中東最強大的國家之一，到西元前兩千三百年前後達到鼎盛，當時它是一個擁有廿六萬人口的大國，文化發達，商業繁榮，國勢強盛。埃伯拉王國爲了控制幼發拉底河流域，與當時另一大強國阿卡德進行過戰爭，結果被阿卡德國王薩爾貢一世所敗，埃伯拉城一度被攻佔。數十年後，薩爾貢之孫那拉姆·辛再度攻下埃伯拉城，並將包括王宮在內的整個城市付之一炬。

値得慶幸的是：作爲最珍貴的歷史文物——放置在王宮裏的楔形文字泥版卻倖免於難。原因是十分偶然的，正是因爲這場大火熏烤了這些泥版，使它們燒成了經久不壞的陶土片，導致了它在幾千年後出土時完好無損。此後埃伯拉王國又幾經興衰，到西元前一六〇〇年左右便在歷史上完全消失了。

初步考釋表明，大多數泥版記載了埃伯拉經濟賬目，有些泥版是有關外交關係、王族內部和國內事務、宗教和文化事務方面的內容。有一塊泥版記載著某個國王有三十八個兒子，另一塊泥版上刻著：強姦處女者判處死刑。

還有一塊泥版上開列了兩百六十座古代城市的名稱，可惜大多數地名至今無法查明。還有一塊泥版上提到一位國王的女兒嫁給了美索不達米亞的一個國王，陪嫁物是埃伯拉統治下的幾個市鎮。其他一些泥版上刻著對幾百個不同神靈的讚美詩和咒文，還有學生抄刻的一些作業。

專家們還有一項驚人的額外收穫，發現了迄今爲止最早的翻譯詞典，它把埃伯拉語的辭彙譯成對應的蘇美語詞滙，這保證了人們能較正確地理解埃伯拉語這一新語言。

總之，埃伯拉遺址和泥版文書給我們展示了一個早被人們遺忘的文明古國之粗貌，爲我們更多地瞭解中東早期城市的歷史提供了豐富的資料，進而增進了人們對整個古代世界的瞭解。特別值得一提的是，埃伯拉泥版中提到的不少人名、地名、事件與《聖經》中所寫的相同或相似，這大概並非純係偶然巧合。所以各國的史學家、考古學家及新聞界對此發現予以高度評價，例如美國《新聞週刊》認爲：「這一新的發現使人類對於文化、歷史知識的瞭解產生了劇變。」

但是，由於泥版上的一些文字是用一種至今無人知曉的古老的塞姆語寫的，所以關於埃伯拉王國的很多情況尚屬歷史之謎。例如：埃伯拉王國的政治、經濟結構怎樣？埃伯拉人是如何建立起這一繁榮的古代城市的？埃伯拉王國爲什麼幾經興衰？它的滅亡以及它在歷史上銷聲匿跡的原因是什麼？埃伯拉人後來的去向如何及他們的後裔是什麼人？古老的埃伯拉文化能否與古埃及和美索不達米亞文明相媲美？埃伯拉文化對後世有哪些影響？

還有一些具體問題也是難下定論的——埃伯拉泥版與《聖經》是否有某些相同的文化背景或是兩者有著前後相承的關係？泥版上所提到的兩百多個城市究竟有哪些至今尚存？幾千年來它們的名稱演變過程怎樣？這些都是至今仍難解答的問題，正因爲如此，我們目前還難以估計埃伯拉王國及其文明的確切歷史地位。從現在掌握的有限材料來看，有人稱之爲「第三個人類燦爛文明的搖籃」還爲時過早，暫不能得到令人信服的充分證明。

上帝也愛玩積木？

巨石文化是人類新石器時代晚期和銅器時代的一種文化。以巨石建築物石棚和石圈為特徵，故名。主要分佈於歐洲大西洋沿岸。

英國巨石陣以其高大、壯觀、形態特別而聞名。其呈馬蹄形，三十根巨石高逾十米，重過五十噸，上有十噸的橫樑嵌合。其功用未證實。

在英國古老而廣漠的平原上，矗立著許多奇特的巨石建築，它們默默地在風雨中經過了幾千年，注視著人間的滄桑。這就是令人百思不解的古代巨石陣遺址。這些雄偉壯麗的神秘巨石陣吸引了來自世界各地的旅遊觀光者以及眾多爲之困惑的考古學家、歷史學家、建築學家和天文學家。

著名的巨石陣遺址位於英格蘭南部沙利斯伯里。石陣的主體是由一根根巨大的石柱排列成幾個完整的同心圓。石陣的週邊是直徑約九十米的環形土崗和溝。溝是在天然的石灰土壤裏挖出來的，挖出的土方正好作爲土崗的材料。緊靠土崗的內側由五十六個等距離的坑構成又一個圓，坑用灰土填滿，裏面還夾雜著人類的骨灰。這些坑是由十七世紀巨石陣的考察者約翰·奧布里發現的，因此現在通常稱之爲「奧布里坑群」。

坑群內圈豎著兩排藍沙岩石柱，現已殘缺不全，有的只留下原來的痕跡。巨石陣最壯觀的部分是石陣中心的沙岩圈。它是由三十根石柱上面架著橫樑，彼此之間用榫頭、榫根相聯，形成一個封閉的圓圈。這些石柱高四米、寬兩米、厚一米，重達廿五噸。沙岩圈的內部是五組沙岩三石塔，排列成馬蹄形，也稱爲拱門，兩根巨大的石柱，每根重達五十噸，另一根十噸重的橫樑嵌合在石柱頂上。

這個巨石排列成的馬蹄形位於整個巨石陣的中心線上，馬蹄形的開口正對著仲夏日出的方向。巨石圈的東北側有一條通道，在通道的中軸線上豎立著一塊完整的沙岩巨石，高四點九米，重約三十五噸，被稱爲踵石。每年冬至和夏至從巨石陣的中心遠望踵石，日出隱沒在踵石的背後，增添了巨石陣的神秘色彩。

根據科學家實地考證，巨石陣最早是建於新石器時代後期，約西元前兩千八百年，那時已建成了巨石陣的雛形——圓溝、土崗、巨大的踵石和「奧布里坑群」。西元前約兩千年開始是巨石陣建築的第二階段，整個巨石陣基本形成。這個階段的主要建築是藍沙岩石柱群和長長的通道。

巨石陣的第三期建築最爲重要，約在西元前一千五百年，這時建成了沙石圈和拱門，巨石陣已全部完工，這就是我們現在看到的雄偉壯麗的巨石陣遺址的全貌。需要指出的是，整個巨石陣的工程需要一百五十萬個工人，而整個建築過程中，始終沒有用輪載工具和牲畜的痕跡。

從現在看來，巨石陣的建築規模和工程難度對於早期人類來說，簡直是不可思議的。它的建成比埃及最古老的金字塔還要早七百年，然而究竟是誰建造了這雄偉的巨石陣，現在仍然眾說紛紜。有人認爲是當地早期居民凱爾特人建造的墓穴，也有人認爲是古羅馬人爲天神西拉建造的聖殿，還有人認爲是丹麥人建造用來舉行典禮的地方，然而這些虛無縹緲的想像都沒有確鑿的證據。

無數學者經年累月地找尋著巨石陣的建造者。學者們慨歎巨石陣與埃及金字塔一樣的神秘莫測，有人提出巨石陣的建築石料均是一百六十多公里外的地方運輸而來，開採、運輸、安放如此巨大的石塊，除了具備高超的技術設備外，人力難以完成。於是他們認爲巨石陣與金字塔出於同一位巨匠之手。

學者們甚至使用了當前最先進的儀器設備，考察巨石陣的奧秘，奇怪的是，他們發現巨石陣竟能發出超聲波！古人在刀耕火種的時代怎麼會知道超聲波呢？學者們的考察研究又掉入了迷洞。無奈，他們只能把巨石陣的建築光榮給予了地球外的生物——外星人。巨石陣真是外星人建造的嗎？沒有證據予以否認，也無證據予以肯定。

學者們除了苦惱於無法斷定巨石陣的承建者是誰外，對巨石陣的用途也各說不一。有學者認爲巨石陣是遠古時代的天文觀測儀器。持這種觀點的當然是一些天文學者。的確，巨石陣的神秘色彩與天文學有異乎尋常的聯繫。早在兩百年前，就有人注意到巨石陣的主軸線指向夏至時日出的方位，而冬至的落日又在東西拱門的連線上。

一九六五年，波士頓大學的天文學家霍金斯通過電腦測定，巨石陣的排列可能與太陽與月亮在天空運行的位置有關，而五十六個奧布里坑群則能準確地預報日食、月食。在他的《巨石陣解謎》一書中說道：「實際上，奧布里坑群組成的圓環可能曾被用來推測許多天體的運行情況。」他還推斷祭司們是通過轉動坑群標記來跟蹤日月運行進行推算。

這種天文學觀點曾轟動一時，得到不少人的支持，但是巨石陣究竟是否真的是天文觀測儀還有爭議。巨石文化專家阿特金森指出：當時蒙昧落後，沒有任何先進計算工具的史前人類是不可能建造如此精密的天文儀。英國天文學家霍伊耳也提出異議：作爲天文觀測儀的材料爲何一定要用難以開採的大沙岩而不是輕便的木材和泥土？這樣不是要耗用大量的勞力嗎？而且奧布里坑群中的人類遺骨也很難與天文學聯繫起來。再者說，如果是高度發達的史前文明的結晶，爲什麼又消失了呢？這樣人們又回到宗教這個傳統觀點上去，甚至有人把巨石陣與外星人聯繫起來。

也有學者認爲巨石陣是原始人狩獵的特殊裝置。由於巨石陣的全部建築時間都屬於新石器時代，一些專家認爲，巨石陣是獵取大型野獸的機關。他們認爲由於當時的工具和武器都很原始，爲了獵取較大的野獸，如猛獁、熊、河馬、犀牛等，又不使自己受到傷害，人們就想出了這種辦法。專家們認爲，今天人們只看到巨石陣的殘跡，當初它一定還有一些由木頭、骨頭和獸皮等製作的構件，由於年代久遠早已不復存在。

另外，殘跡旁還有許多多餘的石頭，看來也有一定用處。由此他們的結論是，巨石陣很可能是一種狩獵、生活多種用途的設施。復原後的結構可能是這樣的：巨石柱圍著的是一個院子，在兩根石柱之間留有洞口，其大小可以通過較大的野獸，在每個洞口的上方，有一塊用木棍支撐的數十千克重的大石頭——「警戒石」。當猛獸從外面碰倒支撐木棍時，石頭立即砸下來，打在野獸身上，同時發出警戒信號。

院子內側，正對洞口的地方還安放了第二道防線，即一塊巨大的「打擊石」。當野獸闖過第一道防線時，站立棚頂的人，便牽動操縱繩，使打擊石劈頭蓋臉地砸下來。院內的中央還建了一座二層小樓，是由圓木和一些巨石柱圍建而成的，樓板鋪在巨石柱的上面，爲了便於監視大院及其周圍，從樓板到第一圈石柱有木橋相連。

當然，這種狩獵設施並非守株待兔地等待野獸來臨，一般是在其中放置一些引誘物，如利用野獸幼仔的叫聲做誘餌。爲此，可以把捉來的幼獸拴在小院內兩塊巨石之間，讓牠頭向著石縫，並不斷地叫喚。獸群在聽到幼仔的叫喚聲後，會立即包圍院子，並不顧一切拚命衝入院內。如果野獸未被砸死，樓上的獵人則投擲石塊，將被困的野獸置於死地。

擊中野獸後，院內的人一方面把獵物拖進小樓的二層進行加工——剝皮、取出內臟、把肉分成小塊。獸皮和肉等有用的東西放在樓上晾乾、貯藏起來，而其他無用之物則扔到樓下作爲誘餌，以引誘野獸進入圈套。每次狩獵後，他們又將迅速地把警戒石、打擊石等恢復原狀，以迎接下一次狩獵。

更多的學者卻說巨石陣純粹就是古人舉行祭禮的宗教場所。最早記載有巨石陣的《中世紀編年史》一書中，描繪亞瑟王的謀臣梅林用魔法把巨石陣從愛爾蘭移到英格蘭做墓地。學者們把巨石陣的石桌視爲石棺，把高大直立的石條視爲重大事件和人物的紀念碑。同時在空中俯看巨石陣時，能清晰地看出巨石陣是極有秩序地排列成了蜥蜴、鷹等動物的圖案，誰又敢否認這些動物不是當時古人們心中的圖騰？

更有學者乾脆把巨石陣視爲一種文化，一種古人對巨石的崇仰與尊重。古人崇尚巨石般的堅毅威猛，嚮往巨石般的牢固與結實，是古人對心中理想的完美壘砌。眾說紛紜，無法有一權威的推斷。幾百年來，人們陷入了對巨石陣不斷探索的苦苦追求之中。

古印度文明究竟怎麼消失的？

古印度文明約起源於西元前兩千五百年，至西元前一七五〇年。
古印度人掌握了農耕、家畜、冶煉、製陶等工藝，並有文字的創制。
約於西元前十八世紀，古印度文明步入衰落，
從近期發掘的摩亨佐達羅遺址，可以明顯地看出這一點，
其衰落與消亡的原因未確定，
學者分析是戰爭、天災、生態環境的改變等多種因素所致。

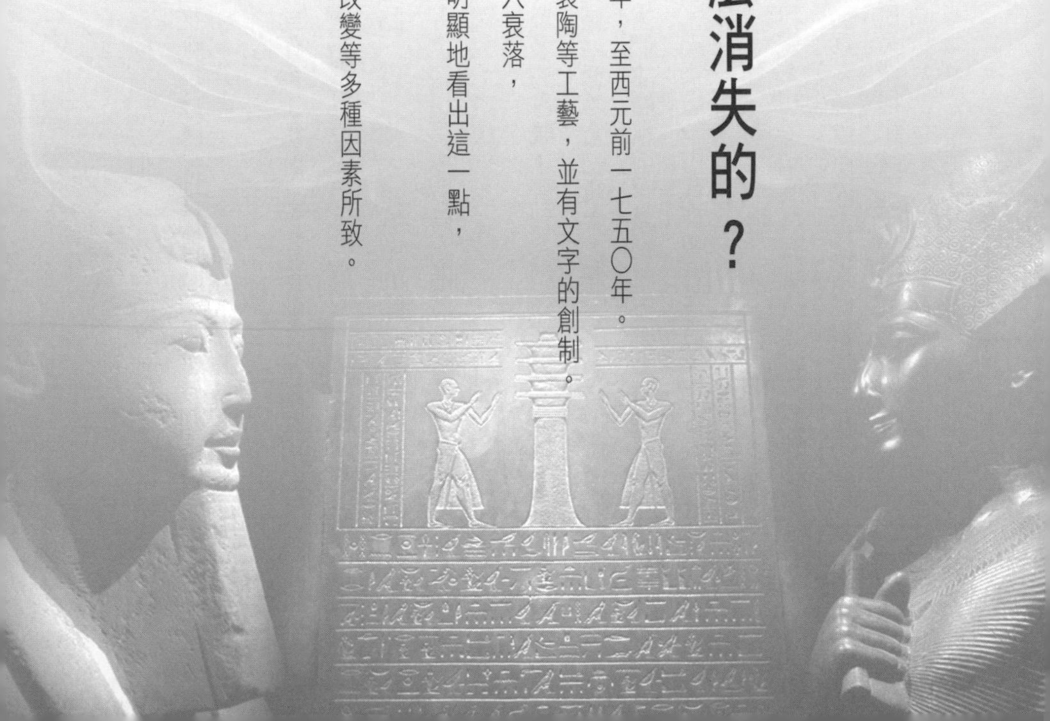

自古以來，人們對各自民族的傳統文化都眷戀有加，但其中又有許多無法解開的文化之謎。比如，印度著名的遠古文化——哈拉巴文化爲什麼會神秘毀滅，便是一個令世人不解的永久之謎！

一八五六年，印度河畔，約翰、威廉兩兄弟作爲工程師在鋪設鐵軌。當鋪路用的碴石用完時，他們開始無能爲力了。這時，他們聽說附近有荒蕪了的古城，便好奇地跑去觀看，竟發現古城中堅硬的燒磚完全可以用來鋪路。就這樣，古城中的建築物被拆散，不知年代的古磚成了現代化鐵路的鋪石。後來當工人們在這裏挖取磚石造鐵路時，經常挖到印章等古代遺物，可惜都被人隨手丟光了。

直到一九二〇年，考古學家來到哈巴拉，眾多的古城才得到人們的重視。兩年以後，考古學家發掘了附近的另一座古城：莫恒卓達羅（意思是「死亡之丘」）。當古城中的東西被考古學家發掘出來並展現在人們面前時，人們才震驚地認識到，古城下有著一個埋葬了三千多年的、誰也不知道其歷史的古代文明。因爲這一古代文明是在哈拉巴古城附近發現的，人們就稱之爲「哈拉巴文明」。

讀過古《吠陀》經的人都會發現，印度雅利安人初侵印度河流域後，曾與原始居民進行過無數次激烈的戰鬥，並摧毀了他們的許多城堡。這就不能不使人們聯想，在印度—雅利安人到達印度次大陸前，在這裏一定會有居民、城堡和高度發展的文化。然而，這種文化是個什麼樣子？它是怎樣被毀滅的？特別是它爲什麼被毀滅得如此徹底，以致在地面上找不到任何痕跡，從而成爲千古之謎。

也許正是歷史的迷霧，深深吸引著考古學家的腳步。終於，在二十世紀的二十年代初，人們在印度河流域發現了一座座沉睡幾千年的古城遺址。這些古老的城址設計之複雜，文物之多彩，宛如一幅幅迷人的畫卷，使人們清晰地看到了作爲世界文明發祥地之一的古代印度高度發展的文化。這些古城的文化常常以印度河流域的主要城市遺址哈拉巴命名，被稱爲哈拉巴文化。

至於哈拉巴文化起止時間，今人的說法各不一樣。學者惠勒考古斷定爲西元前二五〇〇至前一七五〇年。另據科學家阿格拉瓦爾把考古和碳十四定年相結合，斷定爲西元前二三〇〇至前一七五〇年。從歷史考察上也不難發現，哈拉巴文化的範圍很廣，它西起蘇特卡根——杜爾（距伊朗東境僅約四十千米），東達阿拉姆吉爾普爾（印度今天的德里附近），北起羅帕爾，南至納巴達河以南的巴格特拉爾。東西長一千五百五十千米，南北長一千一百千米。其範圍是今天的巴基斯坦的三倍以上。

在哈拉巴文化的中心，是雄偉、莊嚴的哈拉巴和莫恒卓達羅兩座城市，它們是上古印度文明的見證。哈拉巴城址位於旁遮普地區印度河的一個支流的左岸。莫恒卓達羅城址則位於信德省（今巴基斯坦境內）的拉爾卡納縣，靠近印度河的右岸。兩座城市大小相等，周長大約都有四點八千米，面積大約都有八十五萬平方米，居民估計共七萬人。

兩座城市都是由位於高岡上的衛城（統治者的居住區）和較低的下城（居民區）兩部分組成。代表高貴的衛城以雄偉的磚牆環繞，城牆每隔一段距離便有一座方形棱堡，而且城市建築規劃整齊，主街又寬又長，其中莫恒卓達羅的主街寬達十米，可以同時並行幾輛大車。在街道上每隔一段距離備有點燈用的路燈杆，便於行人夜間行走。而且兩座衛城的房屋大多用燒磚砌築，富人還築有高樓大廈。

更讓人稱奇的是，城市的富人還有完整而複雜的排水系統，這一切都顯示出哈拉巴文化城市設計的高水準。而且，古城所保留下來的文化遺物，豐富多彩，在這裏有刻有文字、圖畫的精美印章和各種金銀珠寶與象牙裝飾、銅與青銅的生產工具和武器等。這些令人驚歎的文物，無不顯示出上古印度人民高度的創造才能。的確，光輝燦爛的哈拉巴文化是舉世罕見的，它無疑在表明：印度河流域當時已具有高度文明。

然而，令人百思不得其解的是，哈拉巴文化興旺發達了幾個世紀後，到西元前一七五〇年突然衰滅。其中有些地區，例如莫恒卓達羅更是遭到巨大的破壞。從此印度河流域哈拉巴文明之光便莫名地熄滅了。

那麼，這個古老文明究竟是怎樣毀滅的？由於今天的人們僅有的一些印章文字可資借鑒，加上其他銘文尚未釋讀，所以這個謎底仍然隱匿在歷史的煙雲之中。

不過，印度的史學家根據遺址和遺物從中提出了種種假說，較有影響的有以下兩種：

外族入侵說

持此說的學者都一致認爲，大約在西元前一七五〇年左右，印度河流域的一些城市遭到了很大的破壞，特別明顯地表現在莫恒卓達羅的毀滅。而且在這座城市的街巷和房屋裏留下了不少像是被殺戮的男女老幼的遺骨。

例如，在下城南部的一所房屋裏，發現有十三個遇害成年男女和兒童的骨骼橫躺豎臥，雜亂無序。同時，被殺的人中還有一個頭蓋骨上有一百四十六毫米深的刀痕，大概是被入侵者用劍砍殺而死的。此外，大街與井旁都發現有屍骨，有些屍骨上留有刀痕，有的四肢呈痛苦的掙扎狀。

在下城北部的街巷中，還發現有另一個骨骼群，在他們附近還有兩根象牙，這一切似乎表明象牙雕刻匠人一家的不幸遭遇。持此說者認爲，莫恒卓達羅經過一次大規模的入侵，居民東奔西逃，從此古城荒涼了。同樣地，哈拉巴文化區的其他城鎮也遭到了或輕或重的破壞。

在哈拉巴衛城上層更有明顯的衰落跡象，特別要提到的是，在這裏人們發現有新的陶器類型與哈拉巴文化並存。這一切說明有新的入侵者佔據了哈拉巴文化區域。但疑問也隨之而來：這些新的入侵者是誰？過去很多學者把他們同吠陀時期的印度—雅利安人聯繫起來。可是據史書記載，吠陀時期印度—雅利安人的入侵年代要晚得多，他們與哈拉巴文化的毀滅整整相隔有幾個世紀。

於是，又有學者認爲，入侵者可能有各種人種集團，其中有居於俾路支斯坦的諸部落，有同伊朗部落相近的諸部落，還有接近文明中心的周鄰部落，其中也可能有一小股先行的印度—雅利安部落集團。但這一說法破綻也十分明顯：印度—雅利安人的大規模入侵是以後的事情，而且最初他們主要活動遠在印度河上游的伍河流域。

地質和生態變化說

持此說的學者主要根據印度河床的改造、地震以及由此而引起的水災來證明這樣一個事實：這一切都會給古城文化帶來巨大的破壞。此外，河水的氾濫，沙漠的侵害，海水的後退也都會引起生態的巨大變化。不過古城文化毀滅的原因，可能因地而異。例如海水的後退，對沿海的港口城市會帶來很大的破壞。而且有的學者還認爲，《百道梵書》所記載的當洪水毀滅世界之時，只有人類的始祖摩奴一人在神魚的啓示和幫助下造船得救，也許，這可能就是對印度河文明毀滅的一個回憶。

曾經幾度輝煌的哈拉巴文化莫名其妙地湮沒在歷史的煙塵中，時至今日，許多學者仍孜孜不倦地探求這一迷案。相信在不久的將來，當一些古代文字被徹底解讀之後，歷史的真相會真實展現在人們面前。

此外，約在西元前十八世紀初，一度繁榮昌盛的印度河流域文明神秘地消失了，兩百年後，也就是西元前十六世紀初，印度河流域又出現了一個新的文明時代。人們通常稱之爲吠陀時代。這樣，在印度河流域文明時代和吠陀時代之間出現了一個「黑洞」，既無文字記載，又缺乏考古材料，一片混沌。於是，一些歷史學家乾脆把這個時期稱爲印度史上的「黑暗時代」。五十年前的史學界基本上都是這麼看的。

爲了使這個「黑暗時代」重現光明，歷史學家、考古學家們做了大量的工作。首先必須弄清楚的是印度河流域文明是怎樣衰落的。關於這個問題，不同的歷史學家有不同的看法。有人認爲是雅利安人的入侵毀滅了印度河流域的城市。

一些學者認爲古代離莫恒卓達羅不遠的地方是個地震中心，約在西元前一千七百年發生過一次大地震，並引起水災，歷時一兩個世紀之久，這場空前的災害毀滅了印度河流域城市，導致整個文明的衰落。這是一個大膽的假設，但缺乏有力的證據，遭到許多人的反對。

此外還有各種各樣的環境論：或認爲印度河流域的河水氾濫使這裏變成不毛之地，或認爲印度河流域的狂風挾帶泥沙掩埋了那裏的城市，或認爲印度河流域遭受了一次定期的河道大改變，結果在莫恒卓達羅造成了嚴重的乾旱，或認爲人口的增長使得鄉村居民疲乏不堪，人和家畜所需的食物供應不上，等等。

這些觀點都是從事物的外部，從某一個方面尋找根源，而且都把這個文明的衰落視爲突然的事件，因此是缺乏說服力的，至少是不全面的。最近一種說法把這個文明的衰落歸結爲幾個方面的因素相互作用的結果，既有內因，又有外因，而主要是內部階級關係緊張所致。當時，階級壓迫和剝削是很殘酷的。同時，人們對自然規律認識有限，導致了生態平衡的破壞，水土流失，河流改道，雨量減少，災害頻頻，而這一切又給外族入侵以可乘之機，最終導致文明的衰落。由此觀之，文明的衰落是個漸進的過程。這種觀點似乎更客觀些、更全面些。當然，這個問題並沒有最後定案。

幾十年過去了，考古學家的足跡踏遍了印度斯坦原野，印度河流域文明晚期的遺址一個接一個地被發掘出來，這項工作現在還在繼續。「黑暗時代」的輪廓愈來愈清晰地顯現出來了。歷史學家根據大量的考古材料指出，在印度河文明衰落時期或以後，一系列地區性的文化在印度—巴基斯坦出現了。這些文化呈現出多樣化的色彩。其中有印度河流域文化以前的傳統，有印度河流域文化成熟時期的傳統，有印度河流域文化退化時期的傳統，亦有外來因素的影響。

二十世紀四十年代，考古學家們在印度西北部的旁遮普發現了一座墓地，被稱爲H墓地。當時就有人認爲它屬於印度河流域文化的最後階段並與這個文化相連接。但當時沒引起重視。二十世紀六十年代，有學者對這個墓地做進一步的研究，指出這個墓地中的外來因素表明這裏有過外來移民和文化的融合。後來又有人對H墓地的研究進行總結，結論是H墓地的居民在文化上和種族上似乎與哈拉巴人相去不遠。

洛塔爾是另一個晚期印度河流域文明遺址，位於印度西部古吉拉特，考古學家在這個遺址中發現了一種紅色磨光陶器，有的學者認爲它雖與印度河流域文化有所不同，但這種文化可能是逃往古吉拉特的哈拉巴難民創造的。因爲這類陶器與哈拉巴陶器不僅在地理分佈上相同，而且這兩種文化在各個方面都有相似之處。

最近，考古學家在德里發現了印度河流域文明衰落後的遺址，其中有典型的晚期哈拉巴陶器，也有灰色彩陶（學者們常把灰色彩陶視為雅利安文化的代表）。諸如此類的遺址還有很多，佈滿了整個印度斯坦。目前，大多數學者的結論是「後期印度河流域文明絕大多數應歸功於哈拉巴人，後期印度河流域文明的傳統和思想迄今尚不完全清楚的部分，也一定起源於他們」。

印度古代史上的「黑暗時代」結束了。但關於這個時代的許多細節尚不清楚，成功地再現這個時期的歷史還有許多事情要做，這個領域仍是迷案重重的領域。

撒哈拉原來不是沙漠？

撒哈拉沙漠，阿拉伯語意為「大荒漠」，
是北非乾燥區的總稱。
為世界上最大的沙漠，面積約為八百萬平方公里，
地面主要是礫石、流沙和沙丘。
據考古學家、社會學家最近證實，
幾千年前，
撒哈拉曾是桃紅柳綠、動物成群的綠洲。

提到撒哈拉這個名字，就令人想像出人獸困在沙裏，飽受日炙，乾渴而死的慘狀。但是，撒哈拉這個世界最大的沙漠，曾是一片雨量充足、溪流潺潺、草木繁茂的肥沃土地。大象、羚羊和其他動物，自由自在地生長於斯。人類也在那裏定居，飼養牲畜，種植五穀，並且創造了生動的藝術作品。沙漠裏的岩石圖畫，表現出撒哈拉一片茵綠時代的生活情況。

撒哈拉並不像一般人想像的那樣，是一片無垠的沙海。大漠的表面只有四分之一爲連綿不斷的沙質沙礫，其中有高達七百五十英尺的沙丘。其餘部分有鋪滿礫石的地區，稱爲礫質沙漠；有滿地圓石的平原，稱爲石礫沙漠。

此外還有幾片綠洲，一些相當高的山。提柏斯是山脈的伊米科西山，高一萬一千兩百零四英尺，是撒哈拉的最高點。這個山脈和艾爾、阿哈加等古老的山脈，都滿布火山。各個高原上滿地都是較爲晚期噴出的火山岩。火山學專家們都相信，這裏的火山，還會再度爆發。

撒哈拉也不像希羅多德筆下所描寫的那樣，自古即是個荒涼不毛之地。考古學和地質學的研究工作中，都找到了充分的證據說明，撒哈拉一度是青綠肥沃的土地，居民是一個尼格羅種族。他們在那裏靠打獵和畜牧爲生。大陸動物種類繁多，有大象、河馬、魚類、軟體動物、水牛和後來絕了種的野牛等等。那種野牛相信是歐洲所有家牛品種的祖先。

有人類歷史以前幾千年或幾萬年，撒哈拉早已有人類居住的最明顯的證明，就是洞穴中和岩石上所繪的古代岩畫，在該地處處可見，尤以恩阿哲爾高原最多。撒哈拉沙漠中發現的史前岩畫，比在世界上任何地方發現的都多，這些岩畫就是現今我們所知的最早的尼格羅藝術作品。

撒哈拉爲什麼死亡？這個一度是豐腴沃土的地方，而今面目全非，只剩下一大片荒涼的沙漠，是什麼原因呢？現在科學家都相信，答案就是因爲「季風雨」的變遷。季風雨從非洲西部及中部把水分帶到撒哈拉來。史前期的後期，文化在撒哈拉昌盛一時，原因是當時季風雨直向北方遠處伸展——從該地區以前的湖泊和溪流注入的沼澤區可證明這一點。

西元前一萬年左右，該區越來越潮濕。從西元前七千到兩千年，大部分時間更加潮濕。西元前三千五百年左右，湖泊面積擴展到最大。可是，不知什麼原因，撒哈拉的季風雨忽然逐漸減少，降雨量和蒸發量終於發生了無可挽救的失調情形。降下的雨水很快就被太陽曬乾，水分不能積存。

雖然西元前七百五十年到五百年先後有過幾個雨量較多的短暫時期，湖泊還是漸漸縮小，撒哈拉又回復沙漠舊觀。各河谷地帶，地中海植物逐漸減少，熱帶植物取而代之，並逐漸向高原蔓延。人類自己也自毀前途，牧養的家畜越來越多，摧毀植物生長。

人們伐掉山上的樹木好讓大群牲畜通過；燒掉大片的林地以改作放牧地。過了一個又一個世紀，植物枯萎退化，從熱帶「稀樹草原」變成「乾曠草原」，又從「乾曠草原」變成沙漠，最後只留下那些岩畫和手工製品，保存著人類曾經在那裏過著昌盛生活的記錄。

撒哈拉的古代遺跡以及那些傑出的岩畫，是十九世紀時歐洲人進入撒哈拉沙漠之後才收集起來的。首先是三位英國探險家狄克遜·德納姆、休·克拉珀頓和沃爾特·烏德奈橫過了不毛之地，於一八二二年發現了查德湖。四年之後，蘇格蘭人亞力山大·戈登·萊思少校，是第一位到達傳說中的提姆布克吐城的歐洲人。他在那裏遭人殺害。

一八二八年，法國人雷奈·加利喬裝成阿拉伯人，從提姆布克吐出發，是第一位從南到北越過撒哈拉的歐洲人。他在灼熱的烈日下，抵受飛沙走石的旋風吹襲，舉步維艱，途中險些因缺水而渴死，但終於到達了摩洛哥。加利也曾受到海市蜃樓捉弄之苦。這種現像是沙漠旅行總會遇到的煩惱。那是當層層的空氣和灼熱的地面接觸而擴展時，光線產生折射作用所造成的幻象。加利見到的是典型的幻景，一片大湖，四周是青蔥的樹木。

繼加利的壯舉之後，法國人在深入探究撒哈拉的工作中，擔任越來越重要的角色。一八三〇年，法國佔領了阿爾及爾，隨後慢慢南進。爲計畫建築橫越撒哈拉的鐵道，進行過多次測量；爲確立法國的領土所有權，進行過多次探險考察；還爲征服土著部落，打過幾場仗。經過這一切殖民活動，結果繪製了那個地區最早的幾幅正確的地圖。

第一幅是德國科學探險家巴爾斯繪製的。他於一八五〇年從的黎波里出發，直到一八五五年才回來。他曾經越過費贊區、恩阿哲爾高原、艾爾山脈以及卡奧亞，東面遠至查德，西面遠至提姆布克吐。他繪製的地圖第一次對撒哈拉的地形有了正確概念，標示出那些長有老橄欖樹和柏樹的高山，以及山中已乾涸了的河谷。

巴爾斯本人也許並沒有瞭解到，自己研究艾爾區和費贊區的岩畫竟爲撒哈拉考古研究奠定了基礎。他發現畫上的牛隻和較早時（一八四七年）在阿爾及利亞奧倫南部叫作賽奧特及莫加塔哈坦尼亞的兩個小綠洲發現的岩畫很相似。巴爾斯估計該地區必定曾有遊牧民族居住過。他還指出岩畫完全不見駱駝，因此認爲駱駝是在較晚期才在撒哈拉出現的。這種說法已證實正確。他把撒哈拉的歷史劃分爲駱駝期和駱駝前期，後來的研究工作都採用這種分期法。

探究撒哈拉沙漠神秘歷史的進一步工作，是二十世紀初一位法國地質學家法拉芒對阿爾及利亞奧倫南部的洞穴岩畫做出比較研究，結果斷定確曾有過駱駝時代和駱駝前時代的分別，如同巴爾斯的推斷一樣。

不過他研究得更加深入，他按各種技術特點來加以比較，例如所用的線條如何，是直邊的還是圓滑的，色澤的明暗，人物服裝武器的式樣細節特點等都一一分別研究。他還注意到岩畫中最古老的野生動物是水牛，在晚期中水牛已不復見。

這種絕了種的動物，法國科學家蒙諾在阿奈特山中所研究的岩畫中也沒有見到。但是在這些岩畫中見到大量馴養的牛群，使他認爲有一個牧牛期，比奧倫南部的水牛期爲時更晚。蒙諾認爲那些更晚期的岩畫，是駱駝期的一部分，馴馬的岩畫也應屬這一期。但是，後來又發現了馬匹和養馬民族的重要意義，於是在撒哈拉沙漠史的牧牛期及駱駝期之間加進一個養馬期。

法國地質學家傅里歐的發現，爲撒哈拉的過去情形提供了更多考古學上的證據。他到過東大沙漠各地，還參加過一個橫越撒哈拉的探險隊，從瓦爾格拉綠洲出發直到查德。他是最先報告中撒哈拉到處散置石質工具的人員之一。他收集了大批這類遺物，成了研究撒哈拉史前史的重要材料。從傅里歐的時候起，人們對撒哈拉的過去，好奇心驟增。

一九三三到一九三四年間，發現了舊石器時代的工具，還有許多在該地區內絕跡已久的動物骸骨。後來又在尼日塔斯拉曼谷的沙丘中，發現了新石器時代的沉積物，證明該地區當時的陸上動物，諸如大象和羚羊等，與水中動物生活在一起，而且人類當時以漁獵和飼養牲口爲生。在食物的遺跡中，還發現一些人類的骸骨。

現今已確知非洲是人類的發源地，而且可能是一百五十萬年前最早的人類（**人屬的一種動物**）的殘骸，已在查德北部發掘出來。非常粗陋的手工製品，叫作磨過的卵石，也在撒哈拉不少地方發現過，顯示這種地區在人類初生之期就有人居住了。

舊石器時代較早期，該地人口相當稠密，住民都使用手斧。在各大沙質沙漠裏沙丘之間的窄隘中，已發現成千上萬件這類手工製品。在撒哈拉沙漠中心處，沒有這種原始人的遺骸，但是在阿爾及利亞馬利卡拉附近特尼非奈發掘出一些顎骨，知道他們是屬直立人的一種，早在一百萬年前就在非洲出現了。

其後，這個地區的人口較前減少，和各大湖的擴展相配合，直到約五千年前，查德湖的面積仍相當廣大。像泰爾晤西、塔法薩塞特、底墨索伊以及塔曼拉塞特等河流經常有水流通，使該地區保持濕潤，植物長得很茂盛。阿哈加、恩阿哲爾高原和提柏斯提區中的高峰處從前的氣候類似地中海氣候。分析古時的花粉證明，那裏長過哈列波松、柏樹、雪松、白蠟樹、胡桃樹、赤楊、愛神木和橄欖等。

大約在這個時期，新石器時代的人開始佔據了撒哈拉。從南方來的尼格羅人再向北移，越過了北回歸線。從西元前四千年起，他們被來自東方的遊牧民族取代。遊牧民族趕著大群牛羊沿著河谷遷移。

可以推測，岩畫上的生活就是這一時期，即撒哈拉還是一片青蔥時的寫照，因爲以草原放牧爲生的人們掌握了岩畫藝術。他們以生動的寫實風格，把日常生活描寫下來——可以說是人類最初的連環圖畫，一直留存到今天。

根據放射性碳十四的檢定結果，證明這個畜牧民族於西元前六千到兩千年間在撒哈拉居留。從灰堆中檢驗出的各種各樣小東西，可以約略知道這些人的習俗。婦女把鴕鳥蛋殼切割成小圓片，串成項鏈，這種小圓片多在煮食爐附近發現。又有鑽孔用的燧石，還有若干骨製的錐子，表示婦女一邊煮食，一邊在火旁修補皮製的衣服。她們擁有珍珠、三角形的垂飾以及用赭石色葉岩製成的小耳墜，而男人則戴上同樣岩石制的手鐲作爲裝飾。

發現的大量骨製魚叉和魚網用的重錘，說明當時人們採用拖拉大網技術捕魚——這種方法是把網端收攏，然後拖網上岸。那時在北回歸線以南的撒哈拉地區，較爲潮濕而多雨，而且潮濕時期也比北方地區長久。在阿哈加山脈以北的地層中，水生動物的化石確實非常罕見。

西元前一千年，北方一個說哈姆語的民族，到撒哈拉地區定居。今天控制這一地區的柏柏爾人，就是他們的直系後裔。當時雖然屬於牧馬期，住民也會牧牛養羊。他們的牛羊毀壞草原的程度，雖然不如畜牧民族那樣過分，但植物恢復茂盛的速度還是不夠快。在乾涸河床上的水窪越來越少，到了距今兩千年前，沙漠的形成已成定局。那些稱爲沙質沙漠的沙海已經形成，雨水完全失常，沙漠上留下那些飽受雨水侵蝕的岩石，做了水流曾在該地發揮過威力的證明。

當時居留在撒哈拉的摩爾人、杜立格人和特達斯人，已經到了苟延殘喘的地步。如果遭遇長期天旱，家畜產乳不足，他們就要爲了生存而出去搶劫駱駝隊、附近的部落、綠洲區的住民和撒哈拉南面邊緣的農耕民族。

沙漠南面邊緣地區的小城鎮，像塔德麥卡、阿加德茲、提姆布克吐、奥達古斯特和阿速德等，都是在西元一千年前後建成的，不時發生大饑荒。每一個世紀總有幾場激戰，這些零散城鎮都會成爲恐怖的戰場。人口因而大減。提姆布克吐和阿加德茲慘遭屠城，有好幾年城中杳無人煙。像塔德麥卡和奥達古斯特等其他城鎮，以及提契特峭壁處的村落，自是永未恢復舊觀。近因也許是戰爭，但遠因則是永不終止的乾旱，結果齊奈特族人要把黑人趕到塞內加爾以南，摧毀了古老的迦納與奥達古斯特王國。

撒哈拉正在步向死亡。像爐火般灼熱的沙漠，正在不斷加緊包圍和遮蓋住更多的肥沃土地。那些土地是最辛勤的沙漠民族爲了求取生存所不可再減少的。他們的人口增加，是否意味有更多的人會夭折？這些民族目前仍在搶奪日益減少的草木，而且把水井越打越深，沿襲他們祖先那些自取滅亡的習俗。在撒哈拉，今天一如既往，人類最大的敵人就是他們自己。人類把自己生存不可缺的天然環境恣意破壞，因而難以生存下去了。

洞穴出岩畫

原始人留下的「藝術作品——岩畫」，多是通過具體地反映和再現人們的生產活動和社會生活，來表達原始人類的審美觀的。

狩獵，是原始人類的生存方式，所以在大量的古遺址及洞穴中，動物，是雕刻和繪畫作品中最為常見的「主人公」。

九歲的瑪麗亞·德·索圖勒在北西班牙的阿爾泰咪拉閒逛，漫步進入了一個洞穴的深處，同一時候，她的父親——一個業餘考古學家——正在入口處的附近挖掘。突然，從洞穴傳來了這個小姑娘輕微的尖叫聲：「公牛！公牛！爸爸，快來啊！」

孩子的父親馬塞利諾丟下鐵鍬，快步跑入洞穴。他的女兒站在那裏，激動地用手指著洞穴的頂部，於是他舉起提燈，終於看見在長十八米、寬九米的穴頂上，用褐色、紅色、黃色和黑色畫著史前野牛的圖畫，這是萬年前的宏偉藝術品。

穴頂上共畫著十七頭野牛，姿態不一，栩栩如生：刨地的、臥躺的、吼叫的、中了長矛而奄奄一息的。在它們的周圍還畫著許多野豬、一匹馬、一隻羚羊和一隻狼。當索圖勒進一步進入洞穴的支道，她又發現大量其他動物的圖畫，其中許多動物幾個世紀之前就已絕跡或從西歐的地面上消失了。

這是一八七九年的事。最初，索圖勒的發現被一些考古學家貶爲贋品而不予理睬，實際上這是他們反對達爾文進化論學說的一個陰謀。這些考古學家無論如何都不相信，這樣精雕細刻的作品竟會出自被視作野蠻人和近似類人猿的原始人之手。

但是，這些繪畫終被證實是史前藝術的最偉大發現，其中大部分都是西元前一萬五千年的作品。一九〇二年，在索圖勒去世約十四年後，考古學家阿貝·亨利·布羅伊爾也來到了那個洞穴，從地下挖掘出不少動物的骨頭，上面的雕刻幾乎和穴頂上的完全一樣。

這些繪畫的真實性也不容懷疑，而該洞穴也就因此被譽爲「史前藝術的西斯廷教堂」。同樣令人出乎意外的是這些繪畫的保存狀態。在歐洲，特別是在西班牙的東北部和法國的西南部還發現過一百多個飾滿石器時代繪畫和雕刻的洞穴，但是，許多都因時間和氣候的影響而毀損了。

阿爾泰咪拉的那些繪畫是畫在漆黑的洞穴裏的，這個洞穴在索圖勒來到之前剛發現不久，洞中的溫度和濕度是經久不變的，通風良好又不過度，而空氣中的水分又足以保持顏料不致乾燥和剝落。多個世紀以來這些繪畫由塌落的岩石所封。在法國南部拉斯考古斯的類似繪畫，在對公眾開放的十五年中，由於受到參觀者帶來的汗水、體溫和微生物的影響而遭到的破壞，比起它們過去數千年中所受到的破壞還要嚴重。

年輕人在發掘拉斯考古斯偉大的史前藝術寶庫活動中同樣起著重要作用。一九四〇年，十八歲的馬賽爾·雷維達特率領三個朋友來到了一個洞口，洞前放著一棵連根拔起的小樹，這是幾天前他帶狗散步時放在那裏作爲標記的。年輕人擴大了這個洞穴，馬賽爾往下挖了約五點四米，終於遇到了一個穴洞的底層。

在幾根火柴的亮光照耀下，他看到了瑰麗的壁畫。次日，青年們帶了燈來，發現了整排整排的馬匹、公牛、野牛、鹿和其他的動物。他們把自己的發現告知了阿貝·布羅伊爾。今天，拉斯考古斯洞穴的壁畫和阿爾泰咪拉的繪畫一起被認爲是迄今發現的原始藝術的最佳典型。洞穴中有一個稱作「公牛廳」的內室，滿是用深黑和暗紅色繪製的佳作。其他的隔間裏則畫的是無數的馬和長著叉角的鹿頭，件件都是那麼逼真。

和阿爾泰咪拉的情況一樣，顯然這些繪畫不會是原始人創作的，而是出自一些感情豐富的藝術家之手——他們的思維能力和石器時代的普通人有天壤之別。這些繪畫製作的時間已有一萬五千多年，或許還可更往後推移到西元前兩萬八千年。體裁是各種各樣的：從簡練的雕刻一直到色彩鮮豔的繪畫，都是那麼驚人的逼真。

創造這一藝術的人們被稱爲克羅馬尼翁人，係指西元前三點二萬到一萬年之間生活在歐洲的石器時代的人。他們雖依靠採集植物和狩獵爲生，卻也不乏創造性的想像力。考古學家的研究認爲：他們的獨特文化有其連續性，最晚期的便是生活在西元前一點五萬至一萬年間的馬格德林人的文化。

這些繪畫的製作過程是：先用尖銳的燧石雕刻出輪廓，然後添加顏色。當時的藝術家們沒有綠色和藍色，但可能從氯化錳、煤炭和煙灰中提取了黑色和紫黑色。褐色、紅色、黃色和橙色是用骨製的臼和杵將鐵礦石研磨成粉末，然後用動物血或脂肪以及植物的汁水攪拌而成。做畫的工具也多種多樣：手指、獸毛或羽毛製成的刷子，或一些搗碎的樹枝條。不過藝術家們有時也用苔蘚做墊料，或者把顏色從空心的蘆杆吹出來。

在阿爾泰咪拉不僅發現了馬格德林人絕妙的藝術，而且還發現了牛脂製成的赭石色畫筆。這些畫是小心翼翼地在幾乎無法透入日光的昏暗內室中完成的，表明當時已使用了人造光，事實上也的確發現了石燈。穴頂上的繪畫同樣表明已經使用了某種形式的腳手架。

許多考古學者認爲，這類洞穴壁畫可能是某種迷信儀式的組成部分，即通過符咒使野獸易於捕捉。古人可能也相信他們的捕獲物身上的勇猛和力量會通過繪畫的媒介而傳給他們自己。但是這些繪畫也可能是用來教導年輕獵手如何來殺傷野獸的，因爲許多畫上的標槍正刺中在獸類的最致命處。

最後期的繪畫可能完成於西元前一萬年，當最後的冰層消失後，氣候逐漸溫暖起來，馬格林德人開始離開洞穴到露大生活了。在以後的四千年中，他們的後裔奮鬥不息，以適應環境的劇烈變化。慢慢地，他們學會了耕種。不幸的是，他們也就此喪失了自己的藝術才華。

一夜消失的亞特蘭提斯

柏拉圖在西元前三五〇年寫就的對話錄中，
曾描述在遠古時期，
地球上存在過一個繁榮、富裕、祥和的大西國，
後因一場毀滅性的地震和海嘯，
大西國陷入了大西洋海底。
然而，此番敘述沒有科學支持與證實。

美國宇航局曾經從哈勃天文望遠鏡上獲得兩組清晰的木星正面圖像：受一九九四年七月「舒梅克—列維」九號彗星碎片的撞擊，木星表面千瘡百孔，留下了不堪入目的大傷痕。對此，美國的一些學者產生了一個奇妙的設想：早在一萬兩千年前，地球也經歷過這樣的大碰撞，導致數個遠古時期的大陸消失……

美國人最關心的古代大陸就是大西洲，認爲它就沉入在大西洋百慕達的海底。其實，有關大西洲的來歷本身就充滿神秘的色彩。許多年前，地球上有個亞特蘭提斯島，島上散居著許多民族，共有十個國家。其中面積最大、人口最多、文明程度最高、國力最強盛的國家的國王名叫「大西」。他最後統一了這塊由各部落分割的土地，後人便以他的名字將亞特蘭提斯島命名爲大西洲。

統一後的大西洲土地肥沃、氣候濕潤、植物繁盛、礦產豐富，人民安居樂業。那兒的城牆鑲滿銅錫，廟宇鍍著金和銀，道路寬廣，河流縱橫，貿易興旺發達。但樂極生悲，富強起來的大西國發動了侵略戰爭，開始時所向披靡，先後征服了埃及等國，但最後在雅典戰役中，卻遭到希臘人民的頑強抵抗，大敗而歸。後來也不知發生了什麼，大西洲連同它的所有居民都在短短的一日一夜裏，從地球上突然消失得無影無蹤。

最早記載大西洲故事的是希臘學者大哲學家柏拉圖。柏拉圖記述的有關大西洲的傳說，是從他的表弟柯里西亞斯那裏聽來的，而柯里西亞斯又是其曾祖父卓彼得斯告之的，卓彼得斯又是從當時雅典著名政治改革家和詩人梭倫的口裏聽來的。梭倫任職期滿後，曾用了十年時間，漫遊於埃及、賽普勒斯、小亞細亞等地。回國後，想把他在埃及聽到的有關大西洲的傳說寫成一篇長卷的敘事詩留給後人，但是，他還沒有來得及完成這一寫作計畫便與世長辭了。到了柏拉圖的時代，關於大西洲的故事已廣爲流傳，幾乎是婦孺皆知了。

據說，柏拉圖爲了證明它的真實性，曾親自到埃及去做過調查訪問，他請教了一些有名望的僧侶、祭司，但是也只是聽聽傳聞而已，並沒有找到他所需要的有分量的材料。

柏拉圖在西元前三五〇年寫的兩篇對話錄《克里斯提阿》和《泰密阿斯》中寫道：九千年前，在大西洋有座亞特蘭提斯島，面積比利比亞與當時所知的亞洲國家總和還大，那裏土地肥沃，礦產豐富，人們會冶煉、耕作、建築。那裏道路四通八達，運河縱橫交錯，貿易往來十分發達。

爲了攫取更多的財富，他們四處擴張，有強大的船隊，曾征服了包括埃及在內的地中海沿岸大片區域。不料，一場毀滅性的地震和隨之而來的鋪天蓋地的海嘯，使整個亞特蘭提斯島載著都市、寺院、道路、運河以及全體國民，在一夜之間沉陷海底，消失在滔天的浪峰洪谷之中……

千百年來，柏拉圖對大西洲的生動描寫不僅給人們帶來了極大的樂趣，同時也給後來的科學家留下了千古之謎。諸如大西洲原先的位置在哪裏?它是否真的沉沒在大西洋海底?如果是，那麼又是什麼力量使偌大一個大西洲沉沒洋底?早在西元六世紀時，科學界就曾就此展開持久激烈的爭議。

到了十六世紀，一位名叫弗拉卡斯楚的義大利學者提出一個驚人的論點：美洲的印第安人會不會是大西國人種的後裔呢?哥倫布發現的新大陸會不會是大西洲未被淹沒的土地呢?許多年來，有無數的地質學家和地理學家、神學家和考古學家、航海家和冒險家，全身心地投入了尋找大西洲的實踐，探索範圍甚至從西半球擴展到東半球。大西洲究竟在哪裏?爭論延續到廿一世紀。

有人認爲，原先的大西洲，就位於今天高加索的西部，現在沉沒於黑海底。他們的證據有：一八九六年，俄國人在黑海邊發現古碑和古墓誌銘，很像是一萬年以前遠古時代的遺物；一九五六年，前蘇聯的考古隊又在黑海中找到了沉入海底的城市，大約是一萬年以前的建築物。爲證明這些海底的古墓和城市就是失去的古大陸大西洲，他們搬出了許多古老的傳說。如傳說中的諾亞方舟，在洪水氾濫時救出了阿柯農和別納。而阿柯農的父親是英勇善良的「盜火種者」普羅米修士，他和宙斯（據說是大西國的國王）很可能就是大西洲人。

當時大西國比希臘文明進步得多，普羅米修士把火種的秘密悄悄地告訴了希臘人，由此觸怒了宙斯，而被長期囚禁在高加索。這樣，大西洲與希臘的仇恨就越來越深，釀成了一場戰禍。又如古希臘人曾前往高加索尋找金羊毛，而這一傳說中提及的克爾斯大宮，就與柏拉圖在著作中描繪的大西國的海神波塞冬的神宮非常相似，這不能說只是一種巧合。

一九六八年，美國學者曼森·瓦保丁在哈馬群島進行水下考察時，發現海底有一條由長方形與多邊形石塊鋪成的大道，這些石塊排列整齊，周邊平滑，分明是經過加工的，而在石頭大道的終端略呈弧形，這符合古代車輛轉彎行駛的需要。據此，發現者推測它就是人們努力搜索的古洲。一九七四年，前蘇聯的一艘海洋考察船在大西洋底下拍到了八幅照片，它們共同顯示一座宏大的古代人工建築物。考古學家對此做了分析，認為很有可能就是聰明而悲壯的大西洲人建築奇跡的遺物。

一九七七年，法新社報導了一則轟動世界的奇聞：科學工作者在百慕達三角區發現一座金字塔，塔高兩百米，位於九百米深的海底。並說百慕達海底可能存在著一個高度發達的古代文明。一九七九年，美國和法國的科學家聯合對百慕達進行科學考察，採用當時最先進的電子掃描器探測海底，在掃描圖像中，發現有十個高兩百米、底邊長約三百米的海底金字塔。

根據圖像上的海水動力參數分析，塔身上可能有兩個巨大的洞穴，一個涵吞駭浪，一個噴吐驚濤，其場景懾人心魄。那麼，這些金字塔會不會是大西洲人的傑作呢？爭論是十分激烈的。有人推測：大西國曾經討伐過埃及，並把文明播種於埃及，所以後來埃及人也學會了建造金字塔的技術。此外，美洲也有類似的金字塔，它很可能來源於大西國，而不是古埃及。但這一學派的論點同樣沒有得到其他同行們的贊同，甚至還有人對一些照片的真實性表示懷疑，因爲他們也到百慕達考察，卻沒有發現金字塔等古建築。

在人們熱衷於探尋大西洲原來位於何處的同時，科學界也在爲大西洲是怎樣消失這一問題而大傷腦筋。偌大一個大西洲，有什麼力量可使它在「一日一夜間」就沉入茫茫大海之中呢？這又是一個天大的迷案，其爭論之激烈比前者更甚。其中「火山地震」說認爲，大西洲是在一場劇烈的海底火山噴發以及由此誘發的海底地震或海嘯的聯合襲擊下，導致地殼突然發生沉降，使大西洲在「一日一夜間」沉入海底。

「冰川融化」說認爲，距今一萬四千年前，地球氣溫開始不斷升高，冰川逐漸融化，導致連續兩千到三千年的特大洪水氾濫，直至距今一萬兩千年時，大西洲終於被淹沒了，此說雖然符合地球演變歷史，但問題是，大西洲既是被冰川融水所淹沒，就不可能於「一日一夜間」完全消失，那麼大西洲就會有成千上萬的人可以逃生，例如遷居北非、埃及等，爲何柏拉圖的記載中卻無一人逃出？

對此，這一學派解釋說，當時的大西國人忙於建造金字塔，這是一部「石頭書」，只要破譯了這部「石頭書」，大西洲之謎也就解開了。

在眾多學說之中，目前最流行也最易使學者們接受的還是「小行星撞擊」說。在一萬兩千年之前，從天外飛來一顆直徑爲四百千米、厚度僅爲八百米的小行星猛烈撞擊地球，具體位置是大西洋百慕達，從而使大西洲這個古老的三角形大陸沉入海底。這顆小行星有特殊的磁場，至今仍在影響百慕達海區，使飛機和船隻經常在此失蹤遇難。此外，小行星撞擊大西洲時引起大爆炸，這些爆炸性氣體後被海水的低溫和高壓凝固在海底，形成一種叫水合天然氣的海底礦物資源。

當「舒梅克——列維九」號彗星撞擊木星時，天文學家親眼目睹這種驚人的威力之後，相信小行星不僅可撞沉一個大西洲，而且可以撞出一個太平洋。但學者們認爲，對大西洲是否被小行星撞沉在大西洋百慕達之說，尚需持謹慎態度，需要有更多的鐵證才能宣佈此謎已被解開。

消失的奧梅克文明

奧梅克人頭雕像，是詩人卡瑪拉從拉文達廢墟中搶救出來的。
它呈現出一個老人的臉龐，
鼻子寬闊平扁，嘴唇肥厚，露出兩排堅實、整齊的牙齒。
老人臉上的神情顯示一種古老的、深沉的智慧。
兩隻眼眸凝視著永恆，無畏無懼，
一如蹲伏在埃及基沙的那隻人面獅身巨獸。

從聖狄亞哥・圖斯特拉鎮出發，朝向西南方行駛廿五公里，穿過蒼翠的原野，便是崔斯薩波特。這座古城興起於西元前五百年到西元一百年之間，是奧梅克文化晚期的一個中心。如今，原址只剩下幾座土墩，散佈在玉米田中。一九三九年到一九四〇年間，美國考古學家馬休・史特林在這裏展開大規模挖掘。

最令人震驚的是，崔斯薩波特古城根本就不是馬雅文化遺址。它完全屬於奧梅克文化——這點毋庸置疑。史特林發現的石碑證明，創造曆法的是奧梅克人，不是馬雅人，而奧梅克文化才是真正的中美洲「母文化」。奧梅克文化確實比馬雅文化古老得多。奧梅克人是一個聰慧、文明、科技上相當先進的民族。他們發明用點線符號標出日期的曆法，以一個神秘的日期——西元前三一一四年八月十三日——爲紀元的開始。

在日曆石碑旁邊，史特林也挖掘出一個巨大的人頭像。它是在西元前一百年左右製作的。高約六英尺，圓周十八英尺，重量超過十噸。如同聖狄亞哥・圖斯特拉城那尊雕像，它呈現的是一名非洲男子的頭部——戴著緊密的頭盔，綁著長長的顎帶，耳朵穿洞，鼻樑兩旁顯露出一道道很深的溝紋，嘴唇肥厚下垂，兩隻大眼睛冷冷地睜著，宛如兩顆杏仁。在那頂古怪的頭盔底下，兩道濃密的眉毛高高翹起，顯出一臉怒氣。

不久之後，這位美國考古學家又在崔斯薩波特古城挖掘出令人驚異的古物：裝著輪子的小狗。這顯然是當時兒童的玩具。這些小巧可愛的工藝品，一舉推翻考古學界一個普遍的觀念：考古學家認爲，直到西班牙人入侵後，中美洲土著才懂得使用輪子。史特林發現的「狗車子」至少證明，代表中美洲最古老文明的奧梅克人，理解車輪的「原理」。

奧梅克文明的歷史，可追溯到西元前兩千年，但是在阿茲特克帝國崛起之前一千五百年，這個古文明就已經消失。不過，阿茲特克人倒是保存了很多有關奧梅克人的動人傳說，甚至稱呼他們爲「橡皮人」——根據傳說，他們居住在墨西哥灣沿岸的橡膠生產地區。在這兒，阿茲特克人發現奧梅克人製造的一些古代儀式用品；不知爲了什麼原因，他們將這些器物供奉在自己的廟堂上，十分崇敬。

科澤科克斯河注入墨西哥灣的地方，正是傳說中奧梅克人的家鄉。「科澤科克斯」這個地名的意思是「蛇神的避難所」。相傳遠古時代，奎札科特爾和他的門徒就是在這兒登陸墨西哥——他們搭乘「船身光亮得有如蛇皮一般」的船舶，從地球另一端渡海而來。也就是在這兒，奎札科特爾登上一艘「蛇筏子」揚帆而去，從此離開中美洲。

位於科澤科克斯市西南方的聖羅倫佐，正好坐落在奧梅克文化遺跡——「蛇神避難所」的中心。奎札科特爾的神話和傳說經常提到這個地方。考古學家使用碳——十四鑒定法測出的年代最古老的奧梅克遺址，就是坐落在聖羅倫佐地區。據鑒定，這處遺跡的歷史可追溯到西元前一千五百年左右。然而，在那個時期之前，奧梅克似乎已經發展成熟，而且沒有跡象顯示，奧梅克文化的發展是在聖羅倫佐地區開始的。

不可思議的是，儘管考古學家一再努力挖掘，在墨西哥，甚至在整個美洲，他們卻始終找不到任何徵象和證據，顯示奧梅克文化曾經有過「發展階段」。這個最擅長雕刻巨大黑人頭像的民族，彷彿從石頭裏蹦出來，突然出現在墨西哥。

奧梅克人留給人們的第一個奧秘：兩千多年前製作的一座龐大的雕像，描繪一名面貌具有明顯黑人特徵的男子。當然，兩千多年前的美洲並沒有非洲黑人，直到白種人征服美洲後，黑人才被抓來當奴隸。然而，考古學家發現的人類化石卻顯示，在最後一個冰河時代移居美洲的許多種族中，其一是非洲黑人。

在聖羅倫佐，奧梅克人建造起一座高達一百多英尺的假山，作爲一個更龐大的建築物（長四千英尺，寬兩千英尺）的一部分。佇立峰頂，俯瞰周圍無邊無際的田野，可以看到許多比較矮小的土墩散佈在原野上。附近有好幾條深溝，是考古學家邁可·柯伊於一九六六年勘探這處遺址時挖掘的。

柯伊的考古隊發現的古物，包括二十多座貯水池。這些人工水庫，由密如蛛網、用玄武岩砌成的槽溝串連成一個精密複雜的體系，其中一部分沿著山脊修建。柯伊發現，每逢下大雨，這些水閘依舊會噴湧出水來，一如三千多年前。排水設備的主要管線，從東邊一直綿延到西邊。三條支線流注入主線，設計十分先進。仔細勘察後，考古學家都承認，他們不懂這個精巧繁複的水閘系統到底有什麼用途。

這裏的古跡還蘊藏另一個謎，讓考古學家百思不得其解：五尊巨大的、顯露黑人五官特徵的人頭雕像——即今天考古學界所稱的「奧梅克頭顱」——被刻意埋藏在地下，以一種獨特的形式排列。在這些奇異的、充滿宗教色彩的墳墓裏頭，考古學家還發現六十多件珍貴的文物，包括精美的玉器和小雕像。下葬之前，有些小雕像還被刻意切斷手足。

挖掘崔斯薩波特遺址的美國考古學家馬休．史特林，在拉文達積極展開過考古工作。碳—十四鑒定的結果顯示，西元前一千五百年到前一千一百年之間，奧梅克人定居在這裏，持續佔有這塊土地，包括托納拉河東岸沼澤中的一座島嶼直到西元前四百年左右才突然消失。

就在那個時候，建築工程驟然中止，已有的建築物全都被刻意破壞或摧毀，好幾尊巨大的人頭雕像和其他較小的雕刻品，被隆重地埋葬在奇特的墳墓，一如他們在聖羅倫佐所做的那樣。拉文達的墳墓建造得十分精緻，墓室用成千上萬的藍色細磚砌成，墓頂鋪著一層又一層五顏六色的黏土。

在其中一個地點，奧梅克人從地上挖掉約莫一萬五千立方英尺的泥土，製造一個深坑，然後在坑洞底部鋪上蜿蜒曲折的石塊，再把泥土填回去。考古學家還發現埋藏在數層泥磚和數層黏土底下的三處鑲嵌拼花圖案。

拉文達的主要金字塔矗立在遺址南端，底部略呈圓形。整座塔模樣看起來像一個有凹槽的圓錐，塔身有十道垂直隆起的脊骨，中間有溝槽。這座金字塔高一百英尺，直徑幾乎兩百英尺，總體積大約在三十萬立方英尺左右——無論從哪一種標準來衡量，它都稱得上建築史上一大巨構。整個遺址中間有一條軸道，幾乎達半公里長，指向正北偏西八度的位置。軸道兩旁井井有條地配置著好幾座小金字塔、廣場、平台和土墩，總面積超過三平方英里。

在拉文達出土的一幅非常精緻的浮雕，考古學家管它叫「蛇中人」。根據專家的解釋，這幅浮雕描繪的是「一個奧梅克人，頭上戴著冠飾，手裏握著檀香袋，整個身體被一條羽毛蛇纏繞住」。

這幅圖像雕刻在一塊四英尺寬、五英尺高的花崗石上。圖中那名男子坐著，伸出雙腳，彷彿在踩前面那塊踏板。他右手拎著一個形狀像小水桶的器物，左手似乎在操縱某種交通工具的排檔杆。他頭上戴的「冠飾」形狀怪異，結構複雜。它不僅僅是一項儀式用的禮帽，應該還有某種實用的功能——雖然我們也說不上它到底有什麼實際用途。

這幅浮雕的另一個主要角色——「羽毛蛇」，它描繪的是一條身上長翎毛或羽毛的大蛇。羽毛蛇是奎札科特爾的象徵，歷史十分悠久，因此，我們可以推測，奧梅克人也膜拜（或至少接納）這位神祇。這幅浮雕所描繪的羽毛蛇卻具有一種獨特的氣質。現在看來，它不僅僅是一個宗教象徵；它那僵硬、嚴謹的姿態使它看起來幾乎像一架機器。

奧梅克人頭雕像是詩人卡瑪拉從拉文達廢墟中搶救出來的。它呈現出一個老人的臉龐，鼻子寬闊平扁，嘴唇肥厚，露出兩排堅實、整齊的牙齒。老人臉上的神情顯示一種古老的、深沉的智慧。兩隻眼眸凝視著永恆，無畏無懼，一如蹲伏在埃及基沙的那隻人面獅身巨獸。

它是用一整塊玄武岩雕鑿而成，圓周廿二英尺，高幾乎八英尺，重達十九點八噸，整張臉孔鮮明地呈現出「具體真實的種族特徵」。這尊人頭像顯露的五官特徵，毫無疑問是屬於黑人的。奧梅克人頭雕像呈現出一個「真實的」黑人，在五官的描繪上極爲精確。這些體格健壯、相貌堂堂的非洲男子如何出現在三千年前的中美洲，學者至今仍說不出一個所以然來。

一九四〇年，美國考古學家馬休．史特林在拉文達廢墟進行挖掘，發現了一些極爲珍貴的文物，其中最引人矚目的是一塊雕刻著「蓄鬍男子」肖像的石碑。

位於拉文達的古代奧梅克文化遺址，是沿著一條指向正北偏西八度的軸道設計和配置的。這條軸道的南端，矗立著一座一百英尺高、塔身有凹槽的圓錐形大金字塔。塔旁地面上有一道類似路肩的邊欄，約莫一英尺高，圍繞著一個長方形的場地，大小相當於一般街廓的四分之一。

考古學家挖掘這道邊欄時，出乎意料地發現，它其實是一排圓柱的上半截，覆蓋在上面的好幾層泥土被清除後，這些高達十英尺的圓柱立刻顯露出來，總共有六百多根，緊密地排成一列，形成一道堅固無比的柵欄。這些柱子全都用整塊玄武岩雕鑿而成，從六十多英里外的採石場運送到拉文達。每一根柱子重達兩噸左右。

即使在開挖以前，一塊巨石的頂端就已經凸出地面，位於圍場中央，比周圍的「路肩」高出大約四英尺，陡峭地向前傾斜。石塊上面雕刻著密密麻麻的圖像。這些圖像向下延伸，消失在層層疊疊，厚達九英尺，將這道古代柵欄掩埋了的泥土中。

史特林率領的考古隊花了兩天工夫才挖出這塊巨石。原來它是一塊龐大的石碑。高十四英尺，寬七英尺，厚幾乎三英尺。石碑上的雕像顯示兩個人相遇的情景。這兩名男子身材都很高大，穿著華麗的長袍和精美的鞋子，趾端微微翹起。

其中一個人物面貌模糊，四肢斷裂，原因可能是泥沙的侵蝕，也可能是遭人蓄意破壞（**這種情形經常發生在奧梅克雕像上**）。另一個人物則完整無缺。後者顯然是一個白種男人，鼻樑高挺，頦下蓄著一綹飄逸的長鬚。考古學家驚歎之餘，都管他叫「山姆大叔」。

這塊大石碑有兩件事似乎可以確定：第一，石碑上雕刻的兩名男子相會場面，基於某種原因，對奧梅克人來說意義非常重大，因此，他們才花那麼大工夫，建立一道固若金湯的石柵欄，將這塊莊嚴華貴的石碑團團圍繞住，保護得十分嚴密。第二，如同那些黑人頭像，奧梅克工匠雕刻這塊石碑上的白人肖像時，顯然也用活生生的人當模特兒。碑上人物臉部的五官特徵是那麼的逼真，不可能是憑空想像出來的。

拉文達廢墟出土的雕像中，還有兩尊具有白種人的容貌特徵。其中一尊以淺浮雕的方式鐫刻在一塊直徑大約三英尺，略呈圓形的石板上。像中人物穿著類似綁腿的鞋襪，臉上的五官具有明顯的盎格魯・撒克遜人種特徵，頦下蓄著一綹尖翹的大鬍子，頭上戴著一頂形狀古怪的寬鬆帽子。他左手揮舞著一幅旗幟或某種兵器，右手空著，橫放在胸前。一條花哨的腰帶，纏繞著他那纖細的腰。另一幅白人肖像雕刻在一根細長的石柱上，衣著相似，臉上也有鬍子。

這些容貌奇特的異鄉人究竟是誰？他們在中美洲幹什麼？他們是什麼時候來到中美洲的？他們跟出現在這兒的其他異鄉人——定居在悶熱潮濕的橡膠叢林中，替奧梅克雕刻家擔任模特兒的那些黑人——彼此之間究竟是什麼關係？

服侍神無微不至的古巴比倫人

古巴比倫人認為，
人與神是在相互依靠中生存的。
人要仰賴神的賜予獲得農業豐收及平安，
而神則需人們貢奉來彰顯威嚴。
古巴比倫人心中的神要有住宅，要吃飯，要穿衣，
甚至還要沐浴，
所以，古巴比倫的廟宇之多、祭祀活動之多是可以理解的。

古代巴比倫人在神人關係上的一致觀念是：人必須依賴神、敬畏神，但神也有依賴於人的需要。神創造人是爲了得到人的侍奉，而人之所以侍奉神則是爲了討得神的恩寵與獎賞。人的存在，其目的就是進行勞作，向諸神提供食物、衣著、住房和服務，神則因有人的侍奉得以過著不勞而獲的貴族生活。

神需要存在和居留的空間，於是人便爲神修建廟宇，用珍貴木材雕成偶像，神則存於其中（但並不完全固定於此）。神要吃飯、穿衣服，還要洗澡，於是，國家爲神（神廟）留出大片土地由專人從事農牧業生產、發展爲大規模的寺院經濟，同時又出現了一大批專門侍奉神的生活起居的神職人員，其中有專門傳達神啓和解釋經文的高級祭司，有爲歌頌神、安慰神而誦唱讚美詩和哀歌的音樂師，還有爲神製作食物的廚師，爲神洗澡的人，陪送神像去臥室睡覺的侍者……等等。

在神廟中還有女祭司，地位最高的叫作「恩」（阿卡德人叫「恩都」）。女祭司通常是有貴族血統的公主們，她們被認爲是侍奉神的人間妻子，在神聖婚禮儀式中充當新娘。多數女祭司屬於修女一級。此外，還有獻身於神聖賣淫的女祭司，在伊蘭拉神廟，神娼是受到女神特別保護的。

正如神和神廟在一個城市中居於中心地位一樣，祭司也是城邦統治集團的核心。城邦統治者通常稱爲「恩希」，恩希同時就是掌握城市神廟的祭司。恩希的妻子是負責掌握城市女神廟宇的女祭司，恩希的兒子們則負責掌握諸神兒女的廟宇。我們所知道的蘇美的早期統治者全是祭司。他們之所以成爲國王，只不過因爲他們是祭司的首領。

在古代的巴比倫尼亞，宗教性的禮拜和祭祀活動主要有兩種：

一是對神的禮拜和祈禱神作爲國家的保護者滿足他們的要求，這就使國王對神的禮拜和祈禱成了國家宗教的正式儀典。國王除了定期性地到神廟禮拜以外，如遇臨時性的事件還隨時去神廟向神禱告，祈求保佑和支持。

祈禱儀式要獻上可供神食用的祭品。祈禱者對神的虔誠和熱情往往通過盛放祭品的容器的珍貴程度顯示出來。這些容器有的是石器的花瓶，有的是金制的船形容器。除此以外，還有供神使用的圓直條圖章和武器之類禮品。

二是季節性祭祀。古代巴比倫各城市都規定有定期舉行宗教祭祀活動的節日和年曆。月份都以當地所慶祝的宗教節日命名。只是到了西元前兩千年，尼普爾的年曆才被普遍接受。年曆所定的宗教節日一般都是農業生產的週期性季節，如慶祝拴上犁頭的儀式，解開犁頭的儀式，收穫儀式……等等。在宗教節日裏，王后有時要遍訪她的領地，向諸神和被認爲具有神力的已故行政官吏呈獻大麥、麥芽和其他農產品。

春天的一系列祭儀實質上是祈求豐收的豐產儀式，收穫節日則是具有感恩性質的儀式。這些儀式通過戲劇形式表演出來，常常是行政首腦和最高的女祭司扮演兩個神，通過他們的結合來象徵性地表示對豐產、豐收的願望。

在巴比倫帝國後期，新年是重要的節日。此節日是在野外的特殊廟宇中進行的。起初，它是與播種、收穫有關的農業節日，後來變為替新國王加冕和授權的儀式。在巴比倫城，這個節日被用來慶祝神話中太陽神馬爾都克戰勝深水女神提阿馬特的故事。除此以外，還有每個月的新月節，第七日、第十五日和第二十八日。最後一個節日則是看不見月亮而認為它死了的時候，可能具有喪葬儀式的性質。

一個城市或國家是否能正確地舉行祭禮，被認為決定著國家的命運和福利，因此，祭儀的管理和執行由城市統治者和國王負責。國王被認為是具有神力的人物，是他的神力帶來了土地的豐產和國家的福利。

七千具屍骨的馬爾他地窖

一個寬度不足二十米的小室裏，竟然放了七千個人的遺骸！

骸骨並非一具具完整的骷髏，

而是以一種移葬方法集中到室內的。

如果這座廟宇是供人禮拜之地，

也是供死者安息之處嗎？

馬爾他島上這些早期居民的宗教，包括崇拜死者嗎？

在馬爾他島繁榮興旺的佩奧拉鎮，一家食物店下面埋藏著地中海區一座令人讚歎不已的遺跡。這座遺跡是一九〇二年一群建築工人發現的。當時工人正在開鑿岩石，建造蓄水庫，突然腳下的岩石鑿空了，下面有個大洞，這竟然是一個鑿通硬石灰岩而建成的宏偉地下室。起初工人利用石洞來堆放碎石廢泥，還堆集垃圾。但有一個工人認為這個洞穴不比尋常，並非自然形成而是人工鑿成的石室，於是將此一發現向當地一些考古學家報告。

那些考古學家搬走所有垃圾泥石以便發掘勘測。他們發現裏面石室眾多，好比一座地下迷宮，最深處距離地面十公尺，石室一間一間地連通，上下有三層。今人無以名之，只得引用希臘文中「地窨」一詞，意思是地下建築，任何人到此一遊，莫不嘖嘖稱奇。

地窨的開鑿工程十分浩大，至於建築特色，包括石柱和屋頂，與馬爾他許多古墓廟宇如出一轍。但別的廟宇建築在地面上，這座在石灰岩中鑿出的結構與眾不同，完全在地底。考古學家在地窨範圍內越是往下發掘，越發覺這不像是一座廟宇，尤其是發現總共埋藏七千具骸骨的時候。那麼這地窨到底有什麼作用，又是什麼時代築成的？地窨築成的年代比起地窨的作用，較容易獲得解答。

當地與此建築風格相近的其他廟宇，多建於西元前兩千四年前後，其時島上的石器時代居民豪興大發，築成不少宏偉廟宇。島民以牛角或鹿角所製的鑿子和楔子，用石槌敲進岩石以進行開鑿，他們用過的兩把石槌及做精工細活時用的燧石和黑曜岸石工具，都發掘了出來。

我們對這些居民所知不多，但是從他們留下的精美建築，可窺見他們超卓的建築才能。地窖裏一個從石灰岩鑿出的洞窟，尤足證明這一點。在一個名為「神諭室」的石室裏，有一堵牆壁削去一塊，後面是狀似壁龕、僅容一人的石窟。一個人坐進去照平常一樣說話，聲音可以傳遍整個石室，並且完全沒有失真。女人說話時因為聲調較高，所以不能產生同樣的效果。這石室靠近頂處，沿四周牆壁鑿了一道脊壁，女人聲音就沿著這條脊壁向四處傳播。設計石室的人顯然知道這個設計能產生特殊傳聲效果。

因為發現了這個回聲室，考古學家便認為這座地窖是在宗教方面有特殊用途的建築，這石室說不定是祭司的傳諭所。但祭司雖然必是男性，崇拜的對象大概是個女神，因為考古學家在地窖發現兩尊女人臥像，都是側身躺臥，另外發現幾尊特別肥大、也許以孕婦為藍本的側臥像。這些證據顯示地窖可能是個崇拜地母的地方。不管崇拜的是什麼神，這個地窖的陰森怪異環境，一定會使前來敬神求諭的人肅然敬畏，每次進去總是誠惶誠恐。嚇人的是整座建築埋在地底，裏面不見天日，置身一個寬大石室中處處詭秘幽玄的氣氛裏，求神者自然敬畏不已。

然而，一個寬度不足二十米的小室裏，竟然放了七千個人的遺骸，又應該怎樣解釋呢？骸骨並非一具具完整的骷髏，因為那麼狹小的地方根本容不下七千具屍體。室內骨殖散落，說明那是以一種移葬方法集中到室內的，這種埋葬方式，原始民族中很普遍。所謂移葬是初次土葬後若干年，屍體腐爛，成了骷髏，撿拾骨殖移到別處重新埋葬。這樣說來，地窖不就是善男信女永久安息之地嗎？如果這座廟宇是供人禮拜之地，也是供死者安息之處嗎？馬爾他島上這些早期居民的宗教包括崇拜死者嗎？

沒有人知道馬爾他島的居民什麼時候和爲什麼如此安放骨殖，也沒有人知道這座廟宇在哪個時期變爲墓地，還是初建時就具有兩種用途。許多屹立在地上的廟宇是模仿早期石墓建造的。說不定這座地窖要把建築方式倒轉過來，因此這是一座仿效地上廟宇模式興建的墳墓。這一類問題都找不到答案，馬爾他島上這種舉世無儔的地下建築到底爲什麼興建，大概永遠是個不解之謎。

石器時代的超級電腦

凡是讀過柯南道爾中篇小說《巴司凱維爾家的狗》的人，
都忘記不了那陰暗的沼澤平原。
小說的曲折故事即發生在這一平原的巨大石塊中間。
天才的福爾摩斯在這一地區偵察出了許多東西。
然而，很遺憾，當地的巨大建築物卻很少引起他的興趣。
如果他瞭解這些建築物的來歷，
那他就會把諸如巴司凱維爾家族的秘密看作小事一樁，
而會去探索這些巨型建築的奧秘了。

在英格蘭和蘇格蘭曾發現幾百處這樣的古建築，其直徑由兩米到一一三米不等。在這些古建築物中最宏偉的一座叫作斯托尼亨治，坐落在英國西南部的索爾茲伯里平原上。關於這座古建築有許多傳說，人們還把它看作是紀念被人出賣而遭殺害的勇士的祭壇和加冕聖地。

在中世紀時，曾認爲建造斯托尼亨治的巨大石塊是著名的梅爾林術士用魔法從愛爾蘭運來的。傳說畢竟是過去的事情了。今天，人們用放射性碳測時法確定了斯托尼亨治建於西元前一九〇〇至前一六〇〇年間。當時該地區尚處於石器時代和青銅器時代的交替時期。建築物附近的古墳場，其建造時間還要早一千年。

人們爲什麼要建造斯托尼亨治呢？直到前不久，英國天文學家詹·霍金斯才對這一問題做出回答。他注意到，當地的祭司們曾把斯托尼亨治叫作日月壇。根據電子電腦對有關天體位置的天文資料以及建築物的幾何規律進行的分析，霍金斯得出結論，認爲斯托尼亨治不單是一個進行宗教和安葬儀式的場所，而首先是一座天文台。

人們在這裏非常精確地計算日子，確定一年四季的開始，預報日蝕月蝕的時間。這一點可由以下事實說明：

一些石塊安置的方向與西元前一千五百年時特定日子裏太陽與月亮升起和降落的方位角完全重合。另外，祭司們還可以通過石塊的挪動準確地推算日蝕月蝕的出現時間。霍金斯發現這一切後感到十分驚喜，他把斯托尼亨治稱之爲「石器時代的電腦」。

當然，對古代人來說，掌握這些天文知識遠不是爲了尋歡作樂。祭司們通過預報日蝕和月蝕的時間以顯示自己遣神使鬼的權力，另外，也是爲了嚴格按照季節進行播種和收穫。目前很難解釋，古代不列顛人怎樣確定在五十一度十七分這一緯度上建造斯托尼亨治的。它在很多方面顯示了驚人的才能。五十一度十七分是月球在晝夜平分點附近傾斜的兩個方位角之間的極限角。爲了確定這一角度，需要從不同的觀察點進行幾十年的觀測，只要在位置上哪怕有幾公里的誤差，也會破壞掉斯托尼亨治的天文方位。

與斯托尼亨治這一古建築有關的謎還有很多，其中最使人費解的是當時的古代人如何把重達五十噸的巨大石塊開採、加工和搬運至建築現場的。當時的不列顛人還沒有文字，也不懂計算方法，他們是怎麼瞭解電腦原理的？是誰教會了祭司們複雜的幾何學？他們在不具備最簡單工具的條件下是怎麼完成大地測量的？不過，有一點是不容置疑的，即斯托尼亨治是在一項統一計畫下建造的……

這些奇跡是偶然的巧合嗎？不，不可能。計算表明，所謂巧合的幾率只有千萬分之一。除上述奇跡外，斯托尼亨治還有沒有尚未發現的秘密呢？霍金斯說，在他的論文發表以後，「斯托尼亨治很少有什麼尙未被發現的了」。事情果真是這樣嗎？傳說梅爾林術士說過一句話：「斯托尼亨治的石頭，沒有一塊不顯示出它的魔力。」

蘇聯學者弗·捷列申與弗·阿遛斯基曾試圖進一步解開斯托尼亨治的謎。找出它的幾何結構與天文資料之間的關係。他們的研究內容，說起來簡直是一部有趣的故事。他們通過研究和分析得出了一個驚人的結論：斯托尼亨治算出了太陽系各行星的直徑、求出了兀的整數式，以及得到圓面積的解法。霍金斯沒能解答的許多石塊和槽的用途，現在可以用五角星圖像來加以解釋了。

看來，斯托尼亨治這一古建築可能還「隱藏」著一些什麼東西。比如在它的東北方向有一條林蔭道。建造斯托尼亨治用的巨石都是經過這條通道運來的。這條林蔭道突然中斷於另一座更加古老的建築物——武德亨治。而武德亨治與斯托尼亨治的相互位置準確地模擬了月球軌道的平均半徑。

另外，放大的五角星圖可以統括所有分散在斯托尼亨治周圍的墳場。計算表明，所有這些墳場都嚴格按照一定距離和角度相互連接。阿遛斯基還證明，如果把五角星圖放大六十倍（**月球軌道直徑與地球直徑之比**），那麼它的角可以觸及英格蘭所有其餘的古建築物。還有一些現象簡直令人難以置信。

阿遛斯基說：「要想瞭解斯托尼亨治的真正歷史，特別是其用途，不承認在古代曾經有某個不爲人們知道的高度發達的文明社會與地球上的人有過宇宙來往，看來是不可能的。」但是，有人反對這種觀點，他們的論點是：爲什麼高度發達的外星人要爲我們的祖先建造這樣的文明設施？爲什麼他們要把巨大的石塊搬運到另一個地方來建造？

應當承認，我們在斯托尼亨治的建造上確實發現了高度智慧。這既不是當時的石器時代和青銅器時代的人所能達到的，也不是出於當時的需要。至於爲什麼要建造斯托尼亨治這樣的建築物，現在還很難回答。這倒不是因爲我們還遠遠沒有解開斯托尼亨治之謎，而是因爲我們對其他文明社會一無所知。

人們設想，建造斯托尼亨治的人們，可能已經掌握了當今科學尚未發現的更高級的自然規律。不管怎麼說，在斯托尼亨治發現了許多資料和方位，我們的研究人員仍然對這些尺寸和比例的巧合和離奇感到迷惑不解！

當然，世界上什麼事都有。比如，拿破崙誕生的那一天，從巴黎的葉利色大街看凱旋門，太陽正好從門正中降落。有人把這也當作奇跡般的巧合，這當然不足掛齒。我們不能輕易相信天外來使曾訪問過地球的說法，許多知名學者都認爲，地球上的人類在這個銀河系中創造了唯一的文明社會。

應當承認，捷列申和阿溫斯基提出的看法的確令人震撼，在很多方面這些看法似乎很有道理。但是，要得到真正的答案，還需要進一步進行研究。時間在消逝，而如今，關於斯托尼亨治的謎，卻比以前更多了。

米諾斯的吃人迷宮

米諾斯是希臘最強悍的國王，生了一個牛頭人身的怪物。
克里特人把這怪物叫作「米諾牛」。
「米諾牛」是吃人肉的。
建築師戴達羅斯為可怕的米諾牛造了一座迷宮。
據傳這座巨大建築物的中央是米諾牛的住所，
有很多曲折錯綜的道路縱橫其間。
不曉途徑的人進入這座宮殿，
不是被米諾牛吃掉，就是餓死在暗道裏。

溫暖的地中海圍繞著巴爾幹半島，半島南部有一個美麗的國家——希臘。古時候，希臘的範圍還包括愛琴海和愛奧尼亞海的一些島嶼及小亞細亞的西海岸部分地區。古希臘一向被認爲是古代文明的發源地之一。有關克里特的神話是古希臘最古老的神話，克里特島上有座迷宮，據說，這座迷宮是在克里特的著名國王米諾斯時代建造的。

相傳，腓尼基國王有個女兒，叫歐羅巴。有一次，她到海邊散步，被最有權威的天神宙斯看見了，宙斯傾心於歐羅巴，於是就化作一頭美麗的公牛，躺在她的腳旁，好像請她坐上自己的背，歐羅巴剛坐上牛背，牛便跳起來，飛奔到海上。歐羅巴驚慌地環視四周，家鄉的海岸已經毫無蹤影，於是問道：「古怪的牛，你是誰，你要把我背到哪兒去？」宙斯就說出自己的名字，並告訴她，他們將到克里特去。他搶走她，爲的是同她結婚。就這樣，歐羅巴成了宙斯的妻子，他們的兒子米諾斯便成了克里特的國王。

米諾斯是希臘最強悍的國王，他建立了城市，制定了歷史上最早的成文法典，他漸漸被權力和成就沖昏了頭腦，竟然忘乎所以，自命爲神起來。宙斯被激怒，給了他一個別出心裁的懲罰：在他生了正常的兒女以外，還生了一個牛頭人身的怪物。克里特人把這怪物叫作「米諾牛」。

「米諾牛」是吃人肉的。恰在這時，建築師和藝術家戴達羅斯，因妒忌學生技藝超過自己，在害死學生後，由雅典逃到了克里特，投靠國王米諾斯，並且爲可怕的米諾牛營造了一座迷宮。據傳這座巨大的建築物的中央房間是米諾牛的住所，有很多曲折錯綜的道路縱橫其間與該住所相通。不曉途徑的人進入這座宮殿，不是被米諾牛吃掉，就是餓死在暗道裏。

一天，米諾斯的兒子安德洛勾斯死在雅典，米諾斯懷疑爲雅典人所謀害，便組織強大的艦隊包圍了雅典城，雅典人在饑餓與疾病的交迫下終於投降，米諾斯勒令雅典人每九年派送七個童男和七個童女到克里特，以供米諾牛食用。雅典第三次納貢時，王子提修斯自願充當犧牲品，並且發誓要殺死那害人的怪物。

在克里特，米諾斯的美麗女兒阿里阿得娜一看見提修斯，就愛上了他。她希望能從可怕的死亡中救出提修斯。她按照藝術家德達魯斯的勸告，給提修斯一團線和一把劍。提修斯把線的一端繫在迷宮入口處，順著彎彎曲曲的通路逐漸鬆開線團，一直到米諾牛住的那座大廳。經過激戰，殺死了米諾牛。最後，他和得救的童男童女一起，沿著線團牽引的路，逃出了迷宮。同那位多情的公主一起返回雅典。

這些真真假假的神話傳說，歷來吸引著人們的注意。古希臘歷史學家希羅多德、修昔的底斯等人的著作裏也都曾提到過米諾斯的名字，但真正解開這個迷團的是英國學者阿爾圖·伊文思。

一八七一年至一八八二年間，德國考古學家施里曼堅信荷馬史詩的真實性，在小亞細亞西海岸發掘出了特洛伊古城，獲得大批珍貴文物。他還在希臘本土發掘了邁錫尼、太林斯等古代遺址，他的成功告訴世人：古代傳說中的「特洛伊城」並非子虛烏有，盲人荷馬的不朽詩作描述的確實是歷史的真實。

英國學者伊文思從施里曼的巨大成功中受到啓發。他注意到荷馬史詩中有對克里特的記載：有個地方叫克里特，在酒綠色的海中央。那裏美麗又富裕，四面是汪洋。那裏居民稠密，有數不清的百姓。九十個城市林立在島上。

伊文思聯想到古希臘神話傳說中曾有一個廣爲人知的「米諾斯王宮」。據說它是戴達羅斯爲米諾斯王所建。宮殿結構複雜，廊道屈曲盤桓，千門百室，又稱「南海迷宮」。傳說設計者戴達羅斯號稱天下第一神匠。後來當米諾斯王把他囚禁在迷宮中想加害於他時，他就利用羽毛和蜂蠟製成的人工翅膀飛離迷宮，遠遠地逃亡到西西里島。

伊文思是個有心人，他不相信這僅僅是個神話而已，他把荷馬史詩與神話傳說聯繫起來考察，將目光對準了克里特島。克里特島位於愛琴海南部，是地中海交通要衝，東西長約兩百六十公里，南北間最寬處約有五十五公里，最窄處約十二公里，總面積爲八千三百三十一平方公里，是愛琴海中的最大島嶼。這裏氣候適宜，經常風和日麗，居民生活安定富足。

經過長期深入細緻的籌備、選點、初探等準備工作，一九〇〇年，伊文思帶人在克里特島北部一座叫作克諾索斯的山崗上正式開始發掘。終於，一座占地六英畝的巨大宮殿遺址被挖掘出來，這使伊文思感到喜出望外：這不就是希臘神話中的「南海迷宮」——米諾斯王宮嗎？

王宮的牆壁上有豔麗如初的壁畫，倉庫中儲存著大量糧食、橄欖油、酒以及戰車和兵器。一間外面包了鉛皮的小屋裏有國王無數的寶石、黃金和印章。大量繪製精美的陶器和做工精巧的金屬器具，表現出克里特人非凡的才華。最有價值的是那數萬張刻有文字的泥版，其中一塊上赫然寫著：「雅典貢來婦女七人，童子及幼女各一名。」不禁使人想起牛頭人身怪物的故事，引起人們的猜測。

出人意料的是，一九八〇年春，英國考古學家在雅典公佈，在克里特島上一所銅器時代的房屋裏，發掘出兩百多根支離破碎的人骨，是十來個年齡不足十至十五歲的兒童，他們的屍骨上留下被宰殺的刀痕。發掘證明：古克里特島人在米諾斯時代確有食人肉的習慣，才流傳下來雅典向克里特進貢童男童女的傳說。

宮殿依山而建，房屋有兩至三層，宮殿中央是一個長方形庭院，庭院四周環繞宮室。曲折的長廊階梯把建築物互相溝通起來，千回百轉，宮內還設置了不少不同口徑的供水及排水管道。宮中最漂亮的要數王后的居室。牆壁上繪有很多奇妙的主題各異的壁畫，有慶典遊行、有宮中男女的日常生活、有緊張激烈的鬥牛場面。

壁畫上的人物有真人大小，女子穿著無袖透明短衫，袒胸露背，其髮型和服飾讓人情不自禁地聯想到十九世紀法國的摩登女郎。畫中的男子捲髮，寬肩膀，緊束腰帶，顯得乾淨俐落而又精神抖擻，鬥牛圖上的男女青年抓住牛角凌空而起，身段異常靈活。宮殿遺址中還出土了大量的青銅斧劍、金銀器皿和彩繪陶器，陶瓷上的繪畫向人們展示了克里特人當時已經廣泛培育著大麥、小麥、豆類、葡萄和橄欖。

尤其值得一提的是，克里特文化已經有文字產生。被稱爲「線文A」的克里特線形文字至今未能釋讀；但「線文B」在一九五三年被英國學者文特里斯釋讀成功。據考證，這種文字是古代希臘人的書面語言，它和邁錫尼、派羅斯出土的線文屬同一類型。由此表明克里特文化與邁錫尼文化有著密不可分的聯繫。

米諾斯遺址年代通過判定，確認爲是西元前一六〇〇年左右，早於邁錫尼文化（前一三〇〇年左右）。考古學業已證明，大約西元前五千年，克里特人的祖先到達該島，他們來自小亞細亞等地。到了西元前二五〇〇年時，克里特由新石器時代進入金石並用時代。西元前兩千年，克里特島出現一些最初的奴隸制小國，逐漸歸併到以克諾索斯爲中心的王國。荷馬史詩中說克諾索斯之王爲米諾斯。但在西元前一五〇〇年左右，正當鼎盛時期的米諾斯文明突然在瞬間消逝得無影無蹤；是什麼力量造成的呢？伊文思曾推斷，王宮遭到破壞是由於地震造成的。

一九六七年，美國考古學家揭開了這個謎。在克里特島以北約一百三十公里，有一座桑托林火山島。桑托林火山僅海拔五百六十六米，二十世紀中有過三次小規模的噴發，遠不能與維蘇威火山相比，它的寧靜使島上居民祖祖輩輩感到很安全。當美國人在島上六十多米厚的火山灰下挖出了一座古代商業城市時，才令世人改變了對它的看法。

研究證明，這是人類歷史上最猛烈的一次火山爆發。那是在西元前一千五百年前後，桑托林火山噴出的火山灰渣多達六十二點五平方公里，島上的城市幾乎在一瞬間就被埋在厚厚的火山灰下。直沖天際的火山灰瀰漫在空中，覆蓋著地中海東部地區。

據記載，當時埃及的上空曾出現三天漆黑一片的情景。火山爆發引起了巨大的海嘯，浪頭的高度達百米，這滔天的巨浪滾滾南下，很快便來到克里特島，摧毀了島上的城市、村莊和沃土良田，船隻被狂濤擊碎，米諾斯的無敵艦隊頃刻間化爲烏有。

由於內中極大的壓力，迫使火山發生驚天動地的大爆炸，火山自行崩塌陷落，造成一個圓周足有六十公里的火山口。熾熱的岩漿噴薄而出，火山灰散落地點最遠達到七百公里處。克里特島因火山爆發遭遇到滅頂之災，很快全島被火山灰掩埋，由於火山爆發引起的海嘯再次衝擊克里特島，終於使米諾斯輝煌光明毀於一旦。

少數人劫後餘生，渡海到達希臘伯羅奔尼薩斯半島東北部的邁錫尼，將米諾斯的文字、藝術、先進的技術帶到希臘本土，逐漸發展起燦爛的邁錫尼文化。在大約西元前十二至前十一世紀時，多利安人南下，邁錫尼文化被毀。隨著後來漫長的歷史歲月流逝，人們淡忘了這一處於當時歐洲領先地位的燦爛的古代文明。

最古老的和平條約是何時簽訂的？

世界的主旋律是和平的調子，
戰爭中也宣導簽訂停戰和平條約，
使人類能和睦地友好地相處下去。
那麼，
世界上最早的和平條約，
是什麼時候簽訂的呢？

這要追溯到幾千年前的非洲土地上發生的一場戰爭。

拉美西斯二世是古埃及第十九王朝的法老。在他的時代，來自小亞細亞的赫梯人發展起來，成爲埃及最大的心腹之患。赫梯人不斷向外擴張，攻佔了敘利亞和巴勒斯坦，還攻陷了巴比倫帝國的首都巴比倫。接著，爲了爭奪中東，又與埃及打了起來。

埃及人在法老拉美西斯二世的帶領下，在集蓄力量以後，便向赫梯國發動了猛攻。

一天，赫梯王穆瓦塔里正與臣下商議進攻埃及的計畫，一個書吏急匆匆地走進來，對國王穆瓦塔里說：「國王陛下，這兒有一份緊急戰報！埃及法老拉美西斯率領十萬大軍向我國發動了進攻……」

赫梯王大驚失色，差點從椅子上摔了下來，歇斯底里叫道：「什麼，埃及也敢來打我們！不可思議，簡直不可思議！我們的軍隊無敵於天下，他敢來碰碰，定打得他片甲不留！」但怎樣擊敗有十萬之眾的埃及大軍呢，赫梯王心中不由得一陣犯難。

赫梯王大聲問道：「誰有退敵妙計，快快獻出來！」他焦急地看著跪在下邊的大臣們，希望他們中間哪一個人可以拿出一條退敵的妙計。但是只見他們面面相覷，誰也不說一句話。

這時一個叫納丁的將軍站起來道：「臣倒有一計……」他詳細地說明了自己的想法，國王聽了頻頻點頭，同意了他的作戰方案。

第二天晨光初露，埃及的部隊真向赫梯國浩浩蕩蕩地開了過來，隊伍分四個梯隊，先鋒隊由法老拉美西斯二世率領，很快接近了被赫梯人佔領的敘利亞的卡疊石城。

拉美西斯二世乘坐的是一輛十分華麗的戰車，四周鑲嵌著黃金和寶石，在晨曦中更是光彩奪目。這時，一個探子騎馬來報：「報告，已經快到卡疊石了。」站在戰車上的拉美西斯二世法老命令暫緩前進，縱目遠眺著周圍的景色：右邊的一條大道通向波濤洶湧的大海，左邊是懸崖深谷，中間夾著一條水勢湍急的河流。前面是一片平原，遠處山崗上隱隱約約的城牆就是卡疊石城。

「報告法老，抓到了兩個間諜！」衛兵報告說。

「帶上來！」法老命令。

被俘的是兩個牧人打扮的赫梯騎兵。他們說，赫梯王爲了避免衝突，已經命令軍隊退出卡疊石城了。拉美西斯二世大喜，下令全軍繼續向卡疊石進發。途中他嫌大隊行進太慢，便拋開大隊，只帶著他的警衛部隊，迅速來到卡疊石城下。這時，赫梯王已經率領大軍沿著東面的河谷，包抄到了埃及法老的後面。早晨被埃及軍隊捕獲的兩個赫梯人，其實是赫梯王派他們來迷惑埃及人的。埃及法老果然上了當。赫梯王準備第二天一早圍殲爲數不多的埃及軍隊，活捉埃及法老拉美西斯。爲了慎重起見，他再派兩個間諜夜間去觀察一下埃及軍營的地形。

埃及法老正在軍營裏準備明天攻城的戰事。突然，衛兵上來報告說：「陛下，又抓到了兩個間諜！」

法老命令：「帶上來！」

這兩個間諜和早上兩個不同，無論你問他們什麼都不肯說，拉美西斯二世大怒，下令嚴刑逼供。一陣功夫，兩個間諜就被打得皮開肉綻，實在招架不住，不得不把赫梯人明天要來反攻的計畫洩露出來。

拉美西斯二世正要追問詳情，一個衛士跌跌撞撞地跑進來報告：「赫梯人已把我們團團圍住了！」

拉美西斯二世頓時目瞪口呆。但他畢竟久經沙場，馬上鎮定下來。一個大臣說：「趁赫梯人還沒動手，打吧！」另一個大臣說：「突圍，再不突圍只有死路一條！」

拉美西斯二世決定馬上突圍。

天濛濛亮時，法老全身披掛，跳上戰車率全軍向赫梯人發起進攻，赫梯人被埃及軍隊的突然行動弄得措手不及，全軍大亂，不少赫梯士兵沒命地往河邊跑，有的跳到河裏被淹死了。

赫梯國王馬上組織了反衝鋒。埃及士兵畢竟人數有限，被迫撤退。赫梯軍隊一下子衝進了埃及法老的軍營，拉美西斯一看不好，帶著大臣們上馬便逃。這時有一隊赫梯的騎兵追了過來。拉美西斯大叫：「快把我的護獅放出來！」原來，拉美西斯養了一群護身的獅子，他從來沒有將牠們拿來投入戰鬥。這次到了生死關頭，他便把他救命的最後一招使了出來。果然，赫梯騎兵一見獅子衝了過來，回頭便逃。

在埃及軍營裏的赫梯兵則在大搶埃及法老和大臣們的財物。埃及法老的金銀寶貝真是太多了，一箱又一箱，赫梯士兵看得眼睛也發紅了，紛紛擁上前去你爭我奪。

正當赫梯軍隊扔下刀槍、大肆搶劫的時候，埃及人的先鋒部隊渡海趕到，一下子把混亂不堪的赫梯軍隊打得落花流水。

赫梯國王又組織了第三次衝鋒，把最後剩下的一千輛戰車和三千名士兵的後備部隊全部用了上去。埃及人殊死抵抗著赫梯戰車的進攻。卡疊石城郊到處是雙方士兵的屍體。埃及部隊人數愈來愈少了，到太陽落山的時候，赫梯軍隊眼看就要勝利了。突然，他們四散奔逃起來。

埃及法老感到驚奇，這是怎麼回事？難道是天神相助來了？直到幾匹烈馬飛馳到他面前，幾個騎兵向他舉臂歡呼的時候，他才知道，是他們的第三梯隊從敵人後面殺過來了。赫梯人經不住前後夾攻，只得敗退。

卡疊石大戰之後，赫梯和埃及的仇恨越來越深。雙方不斷進行戰爭。

就這樣，埃及人和赫梯人展開了拉鋸戰。他們之間的戰爭整整打了十六年。最後，雙方都已經精疲力盡，損失慘重，再要打下去兩個國家都要滅亡了。

西元前一二九六年，赫梯的老國王一病不起，死去了。新國王是老國王的弟弟哈圖西里。這時的赫梯國已經像一個奄奄一息的病人，再也無力站起來了。新國王決定派出友好使團去埃及講和。

拉美西斯二世此時也無力再戰，見赫梯王主動講和，正中下懷。雙方在孟斐斯簽訂了和約。和約刻在一塊銀板之上，因此又叫「銀板文書」。上面寫著：「偉大而勇敢的赫梯國王哈圖西里」和「偉大而勇敢的埃及法老拉美西斯」共同宣誓：「從此互相信任，永不交戰；而且，一國若受其他國家欺凌，另一國應該出兵支援……」這就是留傳至今的世界上最早的一份和平條約。

這份和約簽訂後，赫梯王又將女兒嫁給了拉美西斯二世。此後，兩國在數百年間，相安無事。

預言禍福的神奇占星術

占星術，亦稱「占星學」。
以觀察星辰運行預言人事禍福的一種方術。
曾流行於古代各國，
其對古代天文學的發展產生過影響。
占星術被認定為偽科學，
是缺乏物理學根據的巫術。

現在的許多年輕人都知道自己和他們崇拜的歌星的星座。這很時髦。在他們看來，一個人的星座與他的個性、行爲、職業及命運相聯繫。這些年輕人相信的，就是占星術。

占星術把天空分爲十二個區域，稱爲黃道十二宮。一個人出生時太陽所處的區域（就是這十二個宮中的某一個）叫作這個人的日宮。類似地，他出生時地平線和月亮在黃道圖中的位置分別叫作他的命宮和月宮。占星術就是以某人的日宮、命宮和月宮來斷定這個人的命運。如果不行，再加上這個人出生時行星在黃道圖中的位置。

占星術產生於幾千年之前，到二世紀時被地心說的集大成者托勒密發展成爲影響至今的體系。天體的運行，長久以來吸引了許多古老文明的好奇心和興趣，史前巨石陣的遺跡就是一個例子，遠古的塞爾特人就能夠預測天空的蝕象和太陽及月亮運行的軌道及其偏差，但是天文現象對於塞爾特人的宗教意義和其儀式，由於其缺少文字的記載，所以至今仍是一個謎。

在現今所知的文明當中，美索不達米亞文化可以算是第一個有系統的發展和應用天體觀察所顯示的徵兆，和遺留下了使用楔形文字所記錄的曆法，如果說西方的歷史文明是起源於美索不達米亞平原的蘇美人，那麼也同樣是源於人類對於星體觀察所衍生出的形而上學，也就是說，這樣的知識形態一直延續了西元六世紀之前的兩河流域和埃及地區，甚至遠至印度和中國地區。

西元前四世紀，亞歷山大征服統一了兩河流域和埃及等廣大的地區，占星術似乎是這廣大地區人民的宇宙和世界觀，這種認爲靈魂先於人的肉體而存在的想法，幾乎支配了所有人的生活方式對於命運的態度。

一般歷史學家認爲，在古巴比倫及亞述帝國所遺留下來的神殿遺跡代表連接天堂和地球之間的高塔，是在西元前四千多年前所建造的，這是爲了方便教士們和他們所認爲神聖宇宙所進行宗教儀式的場所，應是最早期占星術宗教的形式，這樣的宗教儀式，其實是爲了凸顯人類存在的意義和天體的神聖性。

教士們會定期地把他們觀察到的天體運行記錄下來，並且呈給國王看，因爲他們認爲，國王是這宇宙神聖力量在地球上的監管人，而天體的運行則是爲了讓這些在地上的神聖力量的監管者可以藉此來安排他們自己的生活，因爲所有的活動，從最重要的國家大事，到最平凡的日常生活，無一不受到天體運行的影響，而藉由對於天體的觀察，則可以使人從中獲得啓發並和神聖的宇宙取得聯繫，社會的結構和天體運行方式及其本身的存在，無一不是在這神聖的力量或是神的支配宰治之下。

在亞述和迦勒底，在每一座城市中，都設有觀察天體運行的觀測台，而這通常是緊鄰著神廟或是皇宮而建造的，不像僧侶們，教士通常是過著極孤僻的生活，他們每天不停的觀察天體的運行、風向或是預測蝕象，除此之外，他們也擁有不錯的技術來預測月蝕，其精確性不比現代的天文預測差。

據說，在亞述的首都尼尼微的遺跡中，曾發現了大量的玻璃碎片，有些考古學家推測，這或許是某一種望遠鏡儀器的遺跡，因爲當時的農業生活，對於天氣的預測是需要非常精確的，必須在特定的時間內播種才能確保來年的收成豐盛。

他們將黃道分爲十二個區域，這是由月亮運行的十二個階段而來的，他們也因此將天體分爲三百六十度，這和一年三百六十天是相互對應的，每一天也再分成了十二個部分，或是十二對成組的小時，希臘人稱之爲「巴比倫時間」。

每一個小時又分成六十分鐘，每一分鐘又有六十秒，而每一秒又有六十個單位，但是三百六十天並不是非常精確的太陽運行的週期，因此每六年要再加十三個月。這上述的方式，是人們所熟知的蘇美人計算時間的系統，這可以幫助他們決定和確認他們認爲重要的歷史事件。

而教士們所觀察到的天體運行得來的啓示，國王因此來做出對於人民和國家重大的決定及活動，世俗的時間也就是天體運行的時間，或是宇宙的時間，這樣也有助於神廟來選擇舉行宗教儀式的時間和日子。

同樣的，建造新的城市也必須配合天體運行的日子，也就是說，在當時，沒有一樣活動不受天體運行的支配，人們認爲唯有如此，才可以確保上天保佑地上人們的生活，因此，從亞述和巴比倫神殿的遺跡上的浮雕、陶罐上的圖案等可以得知，在當時的人們確實有舉行一些崇拜天神、上天的王和一種宇宙神性的儀式，上天和人們的日常生活可謂是息息相關，而且是非常重要的一件事情。

另外一件重要的事，那就是戰爭，在當時人們認爲，戰爭的發生，是和某些特殊的行星的運行有關，他們也認爲，服從天象是確保戰爭獲勝的不二法門。阿卡德（**巴比倫帝國的北部地方**）的統治者，在他的任內，曾經下令將所有有關於占星術的知識刻在七十片石板上，塞尼加等人將占星術翻譯到希臘，而這些人也對於迦勒底人的知識非常的著迷。

約在西元五世紀，希臘人就受到了波斯拜日教的影響，因而相信人的靈魂必須經過七個階段，而這七個階段也模擬於天空中的七顆行星，因此，在這些宗教信仰的過程中，黃道上的象徵也逐漸地被符號化了。

海克力士的神話故事就是一個例子，這個神話故事中，他完成了希拉所交付的十二項任務，而這十二項任務，就被希臘人認爲這代表了黃道十二宮的區域和人的靈魂追求自由所必須經歷的十二個階段，海克力斯之柱代表了雙子座；獅子座則是代表了邁錫尼的獅子的門廊；這也同樣的可以在金牛座、牧羊座和其他的黃道上的象徵上找到其神話的來源。

爲了證明占星術是一種科學最高完美秩序的表現，當時的占星術、天文學及科學幾乎是同義詞。雅典的暴君希巴克斯在位期間，曾致力於重新塑造迦勒底人的天文觀念，他發展出了計算天體座、上升和下降以決定天體的位置的方式，他也發明了星盤，以便可以找出星星的位置，並且他還運用了三角法發明了一套運用太陽日落的經緯度以計算一天長度的方式。

而他的發明，也深深地影響了日後托勒密的天文學說，及對於占星命宮圖繪製的方法和原理，因此占星術才可以成為日後一種可以被瞭解的「科學的」知識系統。托勒密的四書，可以算是影響日後歐洲和現今占星術最深遠的一部著作，它也徹底地改變了占星術的宗教角色。

巴比倫人相信，占星術是一種對於天意預言的觀察，藉由上天的預兆，可以預知未來，而托勒密之後，占星術則徹底成為一種藉由命宮圖上所揭示的邏輯解釋，來預測個人的命運。

因此，占星術原先的宗教角色當然也產生了變化，巴比倫的占星學家是宗廟的祭司，是國家官僚體中的最高位，可謂是一人之下，千萬人之上，享有壟斷整個占星術知識的位置，而在雅典，占星師則是一個有學問和有教養的人，他是受人尊敬的一門專業，而他們知識的來源則是來自於令人神往的東方（埃及和西亞地區）。

占星術在埃及的發展可以分為二個時期，第一個時期是起源於西元前五世紀時，這個時期的占星術只是保留給少數人，是一種秘傳教義：國王、祭士和少數的精英分子，這樣的情況可以從其對於赫爾墨斯的崇拜得知。對應於赫爾墨斯，其在地下的代理人，即爲觀察天象的祭士，將天象抄錄下來，而占星術在一般大眾的實踐方面，則是經由對於天狼星的觀測，來預測尼羅河的氾濫。

第二個時期，埃及真正受到占星術的影響就是在亞歷山大征服了埃及的時候，希臘的知識被引進到了埃及。托勒密本身即埃及人，他所著的四書則將希臘人的邏輯混合了埃及的宗教神秘主義色彩，而且，埃及人也將占星術的知識應用到了世俗層次，這在埃及教士階級的身上甚爲明顯。

埃及人對於占星術的貢獻是將黃道十二宮的每一宮，分爲了三個十度，而且也賦予了每一個十度有一個行星支配，這影響到了今日的一些占星術的理論，除此之外，埃及的占星術包含了赤道，由一隻老鷹爲代表，黃道則是由他們神話中的朱鷺鳥來代表，而一種狗臉的醜惡怪獸則是分據春分、秋分點。

歷史上雖然曾經有人反對過占星術，但它卻一直很盛行，甚至在文藝復興時期還得到許多著名學者，如開普勒等人的支持。在啓蒙運動中，斯威夫特和伏爾泰對其予以激烈抨擊，人們對它的接受程度才大大降低。但是，不知道什麼原因，到二十世紀三十年代之後，它又在西方流行起來。

可以想到，日宮、命宮和月宮相同的孿生子在個性和命運方面往往相差甚遠，而日宮、命宮和月宮各不相同的人有可能在同一次災難中經歷相同的命運，這是占星術完全不能解釋的。當然，這可能只是特例，也許占星術的推測在統計學上是有意義或者說是概率較高的。於是，高奎林對兩萬五千個法國人的職業和出生時間之間的關係做了統計分析，結果是，職業與他們的日宮、命宮和月宮都沒有明顯的相關性，只有出生時行星的位置才與其職業有些相關性。

波普爾、庫恩、拉卡托斯在他們的科學方法論中都曾論及占星術，認為它是偽科學。但是，許多學者不滿足於這種狀況。一九七五年，鮑克、傑羅姆和庫爾茲擬定了一份抨擊占星術的聲明，包括十九位諾貝爾獎得主在內的一百九十二名著名科學家在這份聲明上簽了名。

聲明提出三個理由，認為占星術是偽科學：第一，它曾經是巫術；第二，它缺乏物理學根據；第三，人們相信它只是出於寬慰目的。鮑克和傑羅姆並撰寫專文，論證這份聲明中的觀點。稍後，一九七六和一九七七年，《人文主義者》學報也組織了大批學者從科學方法論上論證占星術是偽科學，引起廣泛討論。在這些討論中，較有影響的是科學哲學家薩伽德的觀點。

薩伽德提出了偽科學的兩個必要充分條件：某個理論或者學科在較長時間內，與其他可供選擇的理論相比，進步較慢，而且面臨許多未解決的問題；但是信奉該理論的成員幾乎不努力發展該理論來解決這些問題，也不考慮用其他相關理論來評價該理論，並且有選擇地考慮確證與否證。

應用這兩條標準，薩伽德分析了占星術。他認爲，從托勒密時代以來，它沒有什麼變化。關於行爲和個性，已經有了許多可供選擇的理論，如行爲主義、精神分析、心理學等等。占星家們大都不關心解決問題和與其他理論聯繫起來評價自己的理論。因此，占星術是僞科學。

荷馬史詩究竟是誰寫的？

荷馬，古希臘詩人，
到處行吟的盲歌者。
生於小亞細亞，
相傳著名史詩《伊利亞特》和《奧德賽》為他所作。
關於荷馬是否確有其人、生卒何時、是否寫過史詩等問題爭議頗多，
構成了歐洲文學史上的所謂「荷馬問題」。

大約在西元前十一世紀到西元前六世紀之間，古代希臘產生了兩部偉大的史詩：《伊利亞特》和《奧德賽》。對這兩部長詩進行最後整理加工的作者名叫荷馬，這是一個到處演唱的盲人歌手，因此，後人把這兩部史詩統稱爲荷馬史詩。其中的《伊利亞特》，敘述了希臘軍隊包圍特洛伊城的戰爭。

史詩爲我們講述了這樣一個故事：很久很久以前，海洋女神忒提斯與一位希臘國王珀琉斯結婚時，在眾神中曾經舉行一次盛大的宴會，忒提斯邀請了所有的女神參加，只有「不和」女神厄里斯被遺忘了。這一下惹惱了這位「不和」女神，她決定讓這次婚禮不歡而散。宴會進行時，厄里斯來了，在宴桌上扔下一隻金蘋果，上面刻著「送給最美麗者」幾個字。這樣馬上就發生爭執。宙斯的妻子赫拉、智慧女神雅典娜、愛神阿佛洛忒狄三人吵得最凶，最後一致同意找特洛伊王子帕里斯這個凡人青年評判。

三位女神來到帕里斯面前，天后赫拉對他說：「你如果同意給我這個金蘋果，那麼你便可以統治大地上最富有的王國。」智慧女神雅典娜則對他保證：將會使他成爲人類中最智慧、最剛毅的人。而那位最年輕、最優雅的愛神，雙眼發出嫵媚的光波，柔柔地對王子說：「帕里斯，我要將世界上最美麗的婦人給你做妻子。」

最後，帕里斯選中了年輕漂亮的愛神，使她得到了金蘋果。多年後的一天，特洛伊國王召集他的五十個兒子在宮廷聚會。他悲傷地說道：許多年前，希臘人曾搶走他最親愛的姐姐，希望王子們能爲他找回這位流落異鄉的親人。聽完父親的悲訴，帕里斯首先站起來請求出行，國王同意了他的請求，徵集了浩大威武的船隊，滿懷希望地送他出發，目送著船隊在愛琴海上消失……

帕里斯來到斯巴達王宮等候召見。然而，正值斯巴達國王出訪，王后主持國事。只見一群侍女簇擁著王后海倫婀婀婷婷地來到大廳，帕里斯面對這個美若天仙的王后，如醉如癡，佇立良久之後，方才醒悟過來。他明白了，這就是愛神的贈禮。

此時，帕里斯早已把父王的委託拋到九霄雲外，他立即鼓動自己的士兵衝進王宮，把財富劫掠一空，然後帶上美麗的海倫，向特洛伊返航了。斯巴達遭劫後，國王墨狄拉俄斯發誓要雪恥報仇。他的哥哥阿加門農調集十萬大軍，配備一千一百八十六艘快船，渡過愛琴海向特洛伊進發。

希臘和特洛伊雙方都有許多英雄參加了這次戰爭。在希臘方面，有所向無敵的阿喀琉斯，據說他的母親海神曾經握住他的腳將他浸入冥河中沐浴。因此，他除了腳跟之外，全身刀槍不入。特洛伊方面有皇太子、著名的大力士赫克托爾。

最後，阿喀琉斯、赫克托爾相繼戰死，帕里斯也犧牲了。但是，希臘人始終沒能攻下特洛伊城。

戰爭打到第十年，希臘軍中的智多星奧德修斯想出一條妙計，就是人們常說的「木馬計」攻破了特洛伊城。最後，希臘人洗劫了特洛伊，帶走了海倫。一個古國被毀滅了。

一七二五年義大利歷史學家在《發現真正的荷馬》一文中做出如下的「發現」：人們一直確認的荷馬並不存在，他不過是希臘各族民間神話故事說唱人的總代表，或原始詩人的想像性的典型人物，希臘各族人民自己就是荷馬；兩部史詩之間的間隔相距數百年之久，它們不可能出於一人之手。這一「發現」石破天驚，極大地震動了西方學術界。

一七九五年，德國學者沃爾夫在《荷馬史詩研究》一書中做出了更詳盡的論證，指出史詩從西元前十世紀左右開始形成，經過了幾個世紀的口頭相傳，直至西元前六世紀才用正式文字記錄下來。他斷言兩部史詩各分成若干部分，每一部分曾作爲獨立的詩篇由歌手們演唱，經過多次的整理加工，史詩才成爲我們今天看到的樣子，因此，《伊利亞特》和《奧德賽》並非出於同一個詩人筆下，而是許多歌手的集體創作。這種觀點，通常被稱爲「短歌說」。

還有一種說法是古希臘有關荷馬的傳統看法。它以德國學者尼奇爲代表，主張荷馬其人有歷史的真實性，生卒年代應不晚於西元前九世紀；史詩有統一的藝術結構，他批評了「短歌說」的一些論點，認爲荷馬史詩中的矛盾是微不足道的，這類小的矛盾不足以證明兩部史詩是由幾個詩人參與創作的。

最後一種說法認爲兩部史詩既不是一連串各自分開創作的民間詩歌的彙編，也不是出於一位大詩人的手筆，它們經歷了很長的歷史時期，古老的神話傳說與特洛伊戰爭的英雄故事是它最原始的素材和基本核心，在漫長的流傳過程中，勢必由許多民間詩人對它不斷地進行增刪、修飾，最後似應由一位大詩人（如荷馬）進行加工整理而成，這種綜合性的說法，日益爲學術界更多的人所接受。

「荷馬問題」的疑案並沒有就此解決，本世紀以來學者們對它投入的熱情仍有增無減，它好像成了西方文學史上的一個難以索解的「斯芬克斯之謎」。

雅利安光明與黑暗的決鬥

瑣羅亞斯德教，
古代流行於伊朗和中亞細亞一帶的宗教，
現今仍有教徒存在。
相傳為瑣羅亞斯德所創，
其教義保存於《波斯古經》中。
以禮拜「聖火」為主要儀式。
西元前六世紀曾被大流士一世定為波斯國教。
南北朝時傳入中國，稱為「祆教」、「火教」、「拜火教」等。

拜火教在中國又稱「祆教」、「火祆教」，是流行於古代波斯、中亞等地的宗教。西元前六世紀由瑣羅亞斯德在波斯東部創建，以後傳播到亞非許多地區，所以又稱瑣羅亞斯德教。西元三至七世紀伊朗薩珊王朝曾奉爲國教。七世紀阿拉伯人統治波斯後，隨著伊斯蘭教的傳播，該教在本土逐漸衰落，但在印度波斯移民帕西族中迄今還很盛行。該教奉《波斯古經》爲經典，主張善惡二元論，它的教義對基督教、摩尼教、諾斯替教以及希臘哲學中的一些流派都有影響。瑣羅亞斯德教大概在六世紀由中亞傳入我國漢地，隋唐時期一度很流行，宋以後中國史籍不再提及。

瑣羅亞斯德教的創始人是瑣羅亞斯德。關於他的生平和歷史在東西方史料中有著不同的記載。他的傳記充滿種種神話和傳說。瑣羅亞斯德在古阿維斯陀語中稱作查拉圖士特拉，意爲「黃色的駱駝」或「駱駝的駕馭者」。從他的族姓斯比泰瑪可以看出，他出身於安息貴族騎士的家庭。

根據古代希臘作家的記錄，他的活動年代大概在西元前一千至前六百年之間，但按照瑣羅亞斯德教傳統的說法，生於西元前六二八年，死於前五五一年。他的出生地衆說不一。一說是波斯西北部美地亞的拉格斯鎮（今德黑蘭郊區），另說是阿塞拜疆烏爾米阿湖畔的伽山。

據說他二十歲棄家過隱遁生涯，三十歲受「神的啓示」，對波斯傳統的多神教進行了改革，創立了瑣羅亞斯德教，以後流浪於波斯很多地區，備受波斯官方神權代表麻葛（祭司階層）的迫害，信者寥寥。

西元前五八八年，即他四十二歲時，在大夏受到了國王維斯塔巴的接待，大夏的宰相耶馬斯帕娶他的女兒爲妻。由於國王的帶頭，很多大臣、貴族都皈依了瑣羅亞斯德教，從此該教取得了鞏固的地位，由波斯東部發展到西部和鄰近地區。西元前五五一年在維斯塔巴王和多倫尼亞族的阿爾喬斯帕王的一次激戰中，瑣羅亞斯德在神廟中被殺，時年七十七歲。

瑣羅亞斯德教的主要經典是《阿維斯陀》，意思是「知識」、「諭令」或「經典」。通稱《波斯古經》，最早形成於西元前四世紀阿契美尼德王朝末期，但在希臘亞歷山大征伐波斯時被焚毀，僅存一卷。西元三世紀初安息王朝的伏洛奇薛斯一世曾下令重新收集、整理，把口頭流傳的內容用文字記錄下來，這一工作在薩珊王朝建立後又繼續進行，在沙布林二世執政時期最後完成《阿維斯陀》廿一卷。該經主要記述瑣羅亞斯德的生平和教義。

現有的《阿維斯陀注釋》是在九世紀以後用中古波斯文帕拉維語（缽羅婆語）翻譯和寫作，由若干分散的經典彙集而成，分成六個部分。從內容看該經是波斯古代宗教神話、傳說、歷史等等的彙集。有些是在瑣羅亞斯德教產生以前就已出現，後來，瑣羅亞斯德教根據自己的需要加以編纂。此外，還有很多用帕拉維語或後來波斯文、印度文寫作的經典和歷史文獻。

原先的居民認為，自然界有著光明與黑暗兩種力量，在社會鬥爭中也有兩種不同的集團或部落：一種是在波斯廣闊的沙漠地帶中，以遊牧為生的、經常進行掠奪和襲擊的野蠻部落或集團，他們以死亡和破壞威脅著和平的居民，因之被認為是惡的或黑暗的力量；另一種是以農耕為主，過著安居樂業生活的農業部落，他們被認為是善的力量。前者崇拜各種惡靈，後者崇拜阿胡拉·瑪茲達為首的眾善神。

瑣羅亞斯德教認為，在開始的時候，存在著善和惡的兩種神靈，它們都具有創造的力量，並組織了各自的陣營。善神阿胡拉·瑪茲達（意為「智慧之主」）是光明、生命、創造、善行、美德，也是天則、秩序和真理；善神的對立者是惡魔王安格拉·曼紐或阿里曼，它是人格化了的黑暗、死亡、破壞、謊言和惡行等一切罪惡的淵藪。阿胡拉·瑪茲達與安格拉·曼紐擁有各自的僚神或眷屬，進行了長期的、反覆的較量和鬥爭。阿胡拉·瑪茲達最後終於戰勝了安格拉·曼紐，即善戰勝了惡，光明代替了黑暗。

在善的王國中，阿胡拉·瑪茲達是最高的、唯一的主神，是全知全能的宇宙創造者、光明和黑暗王國的主宰者、人間恩惠的施與者、末日的審判者和報應的裁判者。阿胡拉·瑪茲達伴隨有一群僚神和守護神，即大天使、小天使等等。

大天使原意爲「神聖的不死者」，它們和主神一起活動並表現了主神的屬性。據《阿維斯陀》說有七個：聖靈；善思；天則或正義；虔敬或隨心；王國或理想國；完善或完璧；不朽。在大天使中正義、善思，王國屬男性；虔敬、完善、不朽屬女性。

據後期瑣羅亞斯德教神話，在阿胡拉·瑪茲達與阿里曼的鬥爭中還創了諸僚神（小天使）和守護神等等。僚神有屬於精神的，如忠直、公正、信約、勝利、寬大、貞節，安寧、教法、智慧、真言等等；也有屬於物質的，如日、月，火、水、地，風，空、星等等。守護神則有護畜神、役從神等等。

另外，與上述大天使相應的擬人化或物化的象徵是，善思——牛，天則或正義——火，王國或理想國——金屬，完璧或完善——水，不朽——植物。

在黑暗王國魔王安格拉·曼紐管屬之下也有很多魔眾。例如與善思對立的是惡思，與正義對立的是不義等等。在這些魔眾中，最重要的是在魔王直接指揮之下的法曹或判官埃斯瑪，其職司是散佈疾病和死亡、玷污大地等等，常使人有毛骨悚然之感。

據《耶斯那·伽泰》三十章所述，阿胡拉·瑪茲達與安格拉·曼紐原來是孿生，但前者在戰勝後者的過程中逐漸成了「宇宙的主宰者」光明王國和黑暗王國的統治者，變成了唯一的、最高的存在。

在瑣羅亞斯德教的發展過程中，有些神學家爲了解決阿胡拉與阿里曼對立的矛盾，在理論上和邏輯上又假定了在兩者之上有一個最高的實體——佐而文（意為無限時間），佐而文是阿胡拉和阿利曼的父親和主宰，這種理論雖然從一世紀安息王朝時就被視爲異端並加以排斥，但它一直以僞裝的形式流傳至今。

在善惡的鬥爭中，瑣羅亞斯德教提出了一套神話的世界觀。據說阿胡拉·瑪茲達爲了戰勝他的對手安格拉·曼紐，特意創造了世界作爲他們鬥爭的場所，因之光明與黑暗、善與惡的鬥爭過程也就是世界創造和劫滅的過程。該教把世界的歷史進程劃分爲四個時期，每一個時期爲三千年，共歷程一萬兩千年。

在第一個時期中，阿胡拉·瑪茲達創造了精神世界，但不賦以物質形式，他所創造的都是靜止不動的，因而也是不朽的。在第二個時期，創造了物質世界，首先創造了火，即「無限光明」，「無限光明」被描繪爲「從遠處可見的光輝、淨白和圓照」。與此同時，用泥土塑成了伽玉瑪特，即「原人」，伽玉瑪特四肢高聳，光輝像太陽一樣，後受安格拉·曼紐及其僚神的攻擊，不久即死去，但其種子被保存下來，四十年後，從種子生出人類最早的一對伴侶，這對伴侶像大黃樹一樣緊緊擁抱在一起，這就是人類的始祖。在這個階段中，魔神已侵入了物質世界，開始進行一系列的戰鬥。

第三時期，阿胡拉與阿里曼在世界之中進行了猛烈的鬥爭，善與惡、光明與黑暗經過反覆的較量，其中有平衡，也有失敗，阿胡拉最後終於取得了勝利，在創世九千年時，瑣羅亞斯德根據神的意志應時誕生了，他的出生表示世界已進入一個簇新的、曙光的時期，也就是在真宗教啓示下，人類有了光明的歷史。

第四時期，瑣羅亞斯德統治了世界，他爲了把新宗教傳遞下去，指定他的第三個兒子索希揚爲救世主，救世主徹底肅清了魔眾，引導人類進入了「光明、公正和真理」的王國，從而人類完成了最高的歷史使命。瑣羅亞斯德這些神話是和猶太教所宣揚的彌賽亞（救世主）的降生，理想的「千禧王國」有著許多類同之處。

瑣羅亞斯德教認爲，在光明與黑暗、善與惡的對峙中，人有決定自己命運的自由意志，「從善者得善報，從惡者得惡報」，「愚癡受到永世的懲罰，真理引向豐頤的生命」。總之，個人是自己命運的決定者。這種思想是古代雅利安人宗教觀的痕跡，它和印度婆羅門教的「業報」思想和我國《左傳》所說「禍福無常，爲人所造」也有共同之處。

瑣羅亞斯德教還進一步把人的活動概括爲思想、語言和行爲三類，在每一類中又分爲善惡兩種，並把三善、三惡與天堂地獄的說教結合起來。從善者可以逐步進入天國。第一步進入天堂的善思天，第二步進入善語天，第三步進入善行天，最後進入光明天，也就是極樂世界。

瑣羅亞斯德教主張善惡報應，在理論和邏輯上必然要承認靈魂轉世和末日審判。他們相信一個人死後，其靈魂在四天內還停留在死者的身上（在頭部附近），回憶和檢查他畢生所有的思想和行爲，第四日進入「裁判之橋」，如果這個人的靈魂是善的，在那裏接待他的是綺麗的少女。在法曹米特拉及其二個助手斯羅屍和羅什紐的面前進行嚴肅的審判，法曹權衡死者生前的功過，判決送入天堂或者打下地獄。善的靈魂通過「裁判之橋」後還要根據他生前的善思、善語、善行，分別進入星界、月亮、太陽和天堂。

惡的靈魂在通過「裁判之橋」時如履尖刃，從橋上墮入地獄，地獄共分四層，根據罪惡的不同程度分層懲罰。按照瑣羅亞斯德教的說教，這些不論進入天堂或者墮入地獄的靈魂，在終世劫沒之時都還要受到最後的審判，經過最後審判，惡的靈魂除淨罪惡，也可和善的靈魂一起復活，共同進入真理或光明的王國。

拜火教如何傳播？

西元前兩千至前一千年左右，
雅利安人的一支越過興都庫什山進入伊朗高原，
另一支到達印度次大陸的旁遮普地區。
因此波斯和印度的古代宗教有著某些共同的因素。
在印度最古老的宗教歷史文獻《吠陀》中出現的很多神祇，
如太陽神米特拉、天神瓦羅納、風神、雨神、龍王或蛇神等，
在《波斯古經》中也有同樣的反映。

古代印度人和波斯人都重視對火神的崇拜，舉行馬祀和蘇摩祭（用蔓草等調製的酒，用以祭祀），同時又各有自己的特點。在《伽泰》的諸神中獨尊阿胡拉．瑪茲達但與印度相對應的阿修羅在《吠陀》中則認爲是惡魔或非天，反之在波斯諸神中被貶的魔神或台瓦，在《吠陀》中則視爲神明或天（提婆）。

西元前五二二年，波斯阿契美尼德王朝的大流士一世執政後，獨尊阿胡拉．瑪茲達，力圖貶低部落的氏族神台瓦，他的後繼者薛西斯也追隨大流士的信仰，薛西斯在波里的銘文中宣稱：「朕遵阿胡拉．瑪茲達之意旨，戰勝此族……在上述國家中原先有信奉台瓦者，朕遵照阿胡拉．瑪茲達意旨，拆毀台瓦廟，下令今後不得祭祀台瓦……其他謬風陋俗，朕皆一一糾正。」

以後阿契美尼德諸王都自稱是阿胡拉．瑪茲達的使者，神的意志通過皇帝宣示人世。據有些學者考證，瑣羅亞斯德的庇護者維斯塔巴就是大流士的父親。瑣羅亞斯德在改革波斯的宗教中追隨阿契美尼德諸王的信仰，也獨尊阿胡拉．瑪茲達。阿契美尼德王朝的宗教爲祭司階層麻葛所控制，麻葛崇拜至高之神阿胡拉．瑪茲達，反對惡靈，對死者實行天葬，因此，有人把麻葛和反映瑣羅亞斯德信仰的《伽泰》聯繫起來，認爲瑣羅亞斯德教是在阿契美尼德王朝以前時期的信仰基礎之上發展起來的。

西元前四世紀，希臘亞歷山大大帝征服波斯後，波斯進入了希臘化時期，瑣羅亞斯德教受到沉重打擊。但在西元前後又重新活動，在波斯萬神殿中出現了希臘和波斯混合的神祇如宙斯・奧爾穆茲特、阿波羅・米特拉等・等，阿胡拉・瑪茲達及其諸僚神成了太陽神、月神等的夥伴。

在羅馬統治時期，瑣羅亞斯德教諸神之一的米特拉（這個神在阿胡拉・瑪茲達與安格拉・曼紐之間，在瑣羅亞斯德教異端——佐而文派中佔有獨特的地位）獨佔鰲頭，形成了米特拉教。米特拉教成為地中海世界最有影響的宗教。

西元三世紀薩珊王朝創建後，瑣羅亞斯德教又興盛起來，取得了國教的地位。薩珊諸王都兼宗教的教主，自封為「阿胡拉・瑪茲達的祭司長」「祭司的祭司長」「靈魂的救世主」等。他們繼續搜集，整理在希臘化時代散佚的經典，編纂了《阿維斯陀》，使瑣羅亞斯德教的教義有了具體的，明確的內容。

西元六四二年薩珊王朝被阿拉伯的統治者擊潰以後，伊斯蘭教的哈里法開始對瑣羅亞斯德教徒採取寬容政策，在教徒繳納人頭稅後容許他們保持自己的信仰，但以後不久就在很多地區用武力和其他手段進行大規模的改信工作，瑣羅亞斯德教從此就一蹶不振。

有一部分留在波斯本土的教徒繼續保持他們的信仰和生活習慣，這些人被稱為「伽巴爾」（異教徒）。據本世紀七十年代統計，約有一萬七千多人，分佈在波斯南部的耶斯德和格爾孟等地；另一部分教徒從八世紀初由波斯遷移至印度西部海岸古甲拉特等地區，在十七世紀以後集中在孟買附近形成一個獨特的社會集團，被稱爲帕西人，帕西人遷居印度後一直與故國波斯的教徒失去聯繫，直至十五世紀中葉以後才恢復。

帕西人在次大陸繼續保持著瑣羅亞斯德教的信仰和生活習慣，但也受到印度教和伊斯蘭文化的一定影響。據上世紀八十年代統計，帕西人約有十萬，他們大都經營工商業，或者從事專業的技術工作，有較高的文化水準，在印度的經濟生活中有著重要的影響。著名的塔塔財團，就是瑣羅亞斯德教徒。

瑣羅亞斯德教在薩珊王朝時盛行於中亞各地，七世紀中葉阿拉伯穆斯林統治波斯並佔有中亞後，大批教徒向東遷。一般認爲，波斯於五一八年通北魏，波斯鄰近的滑國（**今阿姆河南昆都斯城**）於五一六年通梁，這二國皆信奉火祆教，因之火祆教傳入漢地的時間當在五一六年至五一九年之間。火祆教崇奉之神在北魏南梁的時候被稱爲天神、火天神、火神天神或天神火神；到隋末唐初才稱爲火祆，以此表示它是外國的天神。

瑣羅亞斯德教傳入中國後就受到北魏、北齊、北周、南梁等統治階級的支持。北魏的靈太后率領宮廷大臣及眷屬幾百人奉祀火天神。北周的皇帝也曾親自「拜胡天」「從事夷俗」。從北魏開始，北齊北周相繼在政府鴻臚寺中設置火祆教的祀官。

隋唐兩代在中原地區有了新的傳播。唐朝在東西兩京都建立祆祠，東京有兩所，西京有四所。在這些祠廟中「商胡祈福，烹豬羊，琵琶鼓笛，酣歌醉舞」，極一時之盛。另外，在絲綢之路上的磧西諸州也隨地都有祆祠。唐朝祠部還設有管理火祆教的祀官——薩寶府官，主持祭祀。薩寶府官分爲薩寶、祆正，祆梲、率府、府史等等，自四品至七品不等，由波斯人或西域人擔任。

西元八四五年，唐武宗罷黜佛教和其他外來宗教的同時，火祆教也受到了排斥，當時很多景教、摩尼教和祆教的祠廟都被拆毀，僧侶被勒令還俗者有數千人，但至宣宗時，即弛禁。以後經五代、兩宋，猶有殘存。北宋末南宋初，汴梁和鎭江等地都有祆祠，民間也仍流行奉祀火神的習慣，但南宋以後，中國典籍中很少提到，十三世紀以後，火祆教在中國內地的活動基本上就停止了。

消失的邁錫尼文明

西元前二世紀後期，

古希臘的邁錫尼出現了相當發達的青銅文化，

產生了奴隸制國家，

被稱之為邁錫尼文明。

從邁錫尼遺址可以看出，

邁錫尼人掌握了高超的製作工藝及文字。

但是，約西元前十二世紀，邁錫尼文明蹊蹺地悄然失蹤了。

「邁錫尼文明」，指希臘晚期青銅器時代的文明。大體從西元前十六世紀到西元前十二世紀，綿延近四個世紀。邁錫尼位於阿爾哥斯地區的東北部，處在海拔兩百七十八米的山丘之上。山的南面和北面都是深谷，它控制著從阿爾哥斯灣通向科林斯灣的道路。西元前三千年左右，這裏開始有人居住。西元前一千九百年以後，阿哈伊亞人已經佔據了這個地方。

與克里特的宮殿不同，邁錫尼時期的宮殿都建在山丘的頂端，並且配有由巨石構築的堅固城牆，這種石塊長達二到三米，厚也有一米。在這些宮殿建築中，以梯林斯宮最爲完好。梯林斯宮建於西元前十五世紀，它有一個長十二米、寬十米的長方形大廳。在廳的中央有一個圓形的聖灶，灶的周圍有四根柱子，靠近聖灶設有國王的寶座。大廳向南，通向圍有柱子的內院，院內有祭壇。在大廳的牆壁上，裝飾有精美的壁畫。

邁錫尼文化的特點表現在，它的中心地點擁有宏偉的宮殿建築，堅固的城牆，巨大的墓葬，大量的貴金屬，有高度藝術水準的手工業產品。

西元前十五世紀初，在邁錫尼產生了希臘半島上最早的奴隸制國家。這時開始出現了圍以城堡的宮殿。同時圓頂墓代替了豎井墓。圓頂墓是一種規模宏大、結構複雜的石墓，墓頂呈圓錐形，用大石塊砌成。最著名的是「阿特列呂斯寶庫」的圓頂墓，它的墓門高五點四米，寬二點七米。墓室爲圓形，直徑約四點五米，拱頂用三十三排石塊切成。國王的屍體放在圓形墓室旁邊的一個小圓形房間內。墓主是西元前十四世紀下半葉的邁錫尼國王。

從圓頂墓王朝開始，邁錫尼國家進入了迅速發展的階段。他們的金屬冶煉、金銀手工業品、陶器製造很快超過了克里特的水準。陶器遠銷到埃及、腓尼基、賽普勒斯和特洛耶等地。西元前十四世紀，是邁錫尼國家最強盛的時期。這時在邁錫尼出現了許多規模宏大的建築工程。邁錫尼城堡擴大並加強了，著名的「獅子門」連同它的巨石城牆一起建造起來了。

同時，在藝術上，邁錫尼也在極力擺脫克里特的影響，創造著自己的形式。在這一時期，邁錫尼和阿爾哥斯灣、邁錫尼和科林斯灣之間築起了大道及用碎石砌成的橋樑。同時，邁錫尼的商船和軍艦也活躍於地中海。

這時的邁錫尼社會正處於奴隸社會。在邁錫尼文明諸國，既有公家的奴隸，又有私人奴隸，他們大多從事手工業勞動或做家庭僕役。婦女們從事紡織、磨穀或生活侍應。男奴從事重體力勞動，如划船、冶煉金屬、打造武器或工具等。當然也有從事農業、畜牧業生產的。公家奴隸屬於宮廷，由宮廷提供口糧和住所。

邁錫尼文明諸國的土地，一類是公有地，一類是私有地。最大的土地所有者是國王、貴族和祭司。地方上的土地所有者是公社的上層分子。邁錫尼的政體屬於君主制度，最高統治者是國王，國王以下的重要人物是將軍。此外，還有一大群貴族幫助國王統治國家。他們平時是高級行政官員，戰時則是軍隊的骨幹，或分散開來指揮軍隊，或集中起來組成衝擊力量。地方上還有一個人數更多的貴族等級，維護國都以外的地方行政機構。

全國劃分爲若干個由總督治理的行政區。還有各種低級官吏和一定數目的書吏。社會的基層組織是公社，從屬於國王和他的宮廷政府，只擁有起碼的內部自治。公社由長老領導，他們的任務是爲國王和政府收稅、徵集勞役、招募工匠。處在統治階級和奴隸之間的是平民，包括農民、手工業勞動者、商人等。他們對國家都有納稅、服兵役的義務。

西元前十三世紀後半葉，邁錫尼文明諸國的經濟由於內部的階級矛盾而削弱。西元前十二世紀初，他們對外發動的侵略戰爭又使自身實力遭到重大損失。幾十年後邁錫尼文明逐漸在歷史上消失了。

邁錫尼文明怎樣毀滅的？答案實在難尋，因爲這一文明的發現主要靠荷馬史詩的指引，可史詩又不能完全回答人們的疑問。依據荷馬史詩，人們知道了在特洛伊戰前，北方的遊牧部落就自北面和西北面進入了邁錫尼世界的勢力範圍，戰後又進一步向邁錫尼世界推進。如赫拉克利特的子孫和多利亞人就從伊庇魯斯到達了羅得斯、科林斯和都德坎涅斯的其他島上，還有些到了克里特。古希臘著名史學家修昔的底德也提到赫拉克利特的子孫在特洛伊戰後兩代，即八十年後返回。

於是有人認爲，正是這些南下部落的入侵，導致了邁錫尼文明的毀滅，特別是其中的多利亞人更是禍首元兇。但有人如哈蒙得及丹尼爾等指出，在西北方的入侵者到來之前，邁錫尼世界已經衰落了。至西元前十三世紀後期，邁錫尼文明的統治已開始動搖。邁錫尼文明時代的居地有的毀滅，有的荒棄，不少城市加強了城防工事，西元前十二世紀的居地有三百二十個之多，但在西元前十一世紀僅有約四十個左右仍繼續有人居住。總的趨勢是邁錫尼文明地區的居地數銳減，人口稀少了。但沒有哪一地區是完全被放棄的。這說明邁錫尼文明已經走上了末路。

據考古材料看，西元前十三世紀期間，多利亞人和海上民族均未進入希臘，直到邁錫尼文明的不少遺址已經變成廢墟之後的一段很長時間，多利亞人才來到此地。西元前十三世紀末以來，王宮連遭毀滅之災，不能歸咎於多利亞人。多利亞人只是推翻了一個已經不可避免要毀滅的世界。況且，考古資料也沒有提供當時多利亞人到來的物證。

柴德威克甚至提出，神話中關於赫拉克利特服十二年苦役的傳說，反映了多利亞人臣屬於邁錫尼人的事實，多利亞人早就分佈在邁錫尼世界各地，只不過他們是被統治者。而赫拉克利特的子孫返回，則道出了多利亞人推翻邁錫尼人的真情——不存在所謂多利亞人入侵問題，而只是內部的階級鬥爭。

以派羅斯爲例，西元前十二世紀中葉，希臘大陸上城市與城市之間，城市內部的階級與階級之間，鬥爭激烈。經濟問題很嚴重，青銅不夠用，青銅業已衰落。國家經濟組織已感到疲憊不堪，經濟上出現了虧空，稅收不齊，土地不足分，不能滿足經濟上之需要。有的人投機致富。國家只能靠積蓄的產品度日，或者從地方額外徵收黃金，在這種情況下，國家是極易傾覆的。當時，神權也受到挑戰，村社可以不按祭司要求行事，有的人甚至敢於不履行宗教義務。由於國家其他部分或來自其他國家的過分壓力，派羅斯中央的高度集中化受到了破壞。這一切可能是導致派羅斯毀滅的主因。

也有人認為禍根來自天災。那時連年的乾旱導致了食物的短缺、人口的減少，大量小村莊被放棄，王宮經濟發生危機。很可能特洛伊戰爭就是邁錫尼世界尋求經濟出路的一次遠征。但事與願違，十年海外苦戰，耗損了他們自己的巨額財富，激化了國內的各種矛盾，加深了經濟危機，加速了邁錫尼世界走向滅亡的步伐。

另外，從考古資料看，有的遺址是有意被放棄的。據修昔的底斯說，古希臘居民遷徙的事是經常發生的，就是在特洛伊戰後，希臘人也沒有很快安定下來。所以，也可能是這些遺址的主人遇到了什麼預料不及的變故，而有目的地另擇新居地，或者去劫掠王宮。

還有人提出，邁錫尼文明遺址中有幾個是毀於火的，哪來的大火？不得而知。又有人猜是西元前十三世紀末，東地中海的海上民族破壞了小亞、敘利亞、巴勒斯坦、埃及各地許多城市，促使赫梯帝國之滅亡，埃及帝國的衰弱，當然也影響到邁錫尼世界。

可是，有如前述，海上民族在西元前十三世紀時並未進入希臘。從泥板文書上看，在派羅斯陷落之前，國家也並無任何特別軍事行動，只限於正常的換防。雖有著手集中之事，但他們可能是去執行某種公職，或是去貿易，而不是去打仗，因爲他們是從各地抽調來的。關於艦隊之說也查無實據，只是推測而已。令人不解的是，派羅斯王宮沒有防禦工事，如果說它的滅亡或許是失之大意，但邁錫尼、太林斯等地不僅有巨石築成的高牆，而且有保證戰時水源的設施，真可謂壁壘森嚴。然而，它們也滅亡了，殊途同歸的命運，到底原因爲何？

邁錫尼文明毀滅的原因，眾說紛紜。要解開此謎，需要更多的資料重見天日。

古人的避孕妙方

古埃及人對避孕辦法，好像比其他古代民族更為關心。
他們留下的紙莎草紙抄本，
記載不少詳盡的避孕藥方及有關婦科醫學常識。
古埃及人提議的避孕方法包括口服藥水、
某種沖洗陰道藥液、行房後的灌洗劑，
以及教人如何進行墮胎，
當然，這是較少人喜歡採用的一種節育辦法。

直到西元一世紀，仍有許多人相信所有器官已完備的動物是巧妙地活在「微生物」（現在稱為精子或精液）內。前人認爲每一「微生物」內都含有他的子孫，一個藏著一個，就跟套盒一樣。因此做母親的只是營養供應者，同時是爲人父撒種的地方。這種想法非常普遍，偉大的希臘作家也是這樣想，例如哲學家亞里斯多德就認爲女性不提供胎兒的組成部分。另一方面，希波克拉第、畢達哥拉斯和普魯塔克則相信男女都排出精液，雙方都要萃取一點精華出來才能受精。

古代人還有這些稀奇說法：西西里島上一批醫生相信男胎比女胎發育快，因爲男胎處於子宮右首較溫暖的一邊。許多民族更認爲懷孕與性交無關，使人受孕的是風、水、植物或動物：印度人怪（或者讚頌）朱鷺；日本人則認爲是蝴蝶和仙鶴；有些美洲印第安人怪紅嘴白琵鷺；古條頓人跟某一時期許多美國人一樣相信是鸛所爲。所以避免受孕最好的辦法，莫過於避開這些動物。

特洛布里安群島島民顯然不相信性交與懷孕有任何關係，反而認爲嬰兒來自精靈世界。其附近的巴布亞新幾內亞則爲下列兩種觀念支配：溪澗中鰻鱺能使婦女受孕，而更加普遍的想法是精液彙集成胎，所以必須多次性交。

用鱷魚糞調製的配方聽起來很像女巫煉丹鍋裏面煮的東西，但這種古怪的藥方確曾有人認真推介，作爲陰道栓劑，又是迄今所知人類最古老的避孕藥劑，見於西元前一八五〇年前後一份埃及紙莎草紙抄本。奇怪的是這種做法有時居然能使人得償所願。古埃及人並不知道精子的存在，也不知道精子的功能（要到十七世紀末葉科學家才發現精子），可是不知道什麼原因，古埃及婦女如果不想生孩子，竟知道往陰道裏塞進某種化合物達到避孕效果，至少偶爾是有效的。

以黏性物質作爲栓劑的處方，一定會證實是一種相當有效的節育辦法。這節育辦法不僅有西元前的記載可考，而且西元十一世紀的伊斯蘭教文獻及十三世紀非洲和印度部分地區的文獻亦有記載，只是非洲和印度某些地區的人不採用鱷魚糞而代之以大象糞。但古埃及人對避孕辦法，好像比其他古代民族更爲關心。他們留下的紙莎草紙抄本記載不少詳盡的避孕藥方及有關婦科醫學常識。古埃及人提議的避孕方法包括口服藥水、某種沖洗陰道藥液、行房後的灌洗劑（往往為含酒精和大蒜的液體），以及教人如何進行墮胎，當然這是較少人喜歡採用的一種節育辦法。

有一見於西元前十六世紀《埃伯斯氏古醫籍》的處方，所用材料值得我們注意，是將泡過金合木精和蜂蜜的絨布放入陰道，形成一種含乳酸的膠狀物體，今天的專家恰好普遍推薦乳酸做防止受孕的製劑。現代有些國家的政府機構勸告剛分娩的婦女儘量將授乳期延長，以免太快再度受孕。這種有時有效但不大可靠的節育辦法，可能在古埃及人社會很流行。

古埃及嬰兒死亡率既高，當時的人平均壽命又短，人口日益見少的時代，爲什麼仍然熱衷於節育呢？爲免家裏食物耗費固然是一個必須考慮的因素，不過有人認爲當時對節制生育如此關注，主要原因是婦女愛美惜容，換句話說，古埃及婦女深恐一再懷孕影響身段美觀。

值得注意的是，介紹避孕方法的古代埃及文獻，其中頗多章節談及美容護膚及潔髮用的美容水和美容膏。不少這一類製劑的主要成分是橄欖油。但是很出人意料，用橄欖油做避孕藥物的倒是古希臘人，不是古埃及人（**橄欖油跟塞入陰道的相似物質一樣，可能黏住精子使其活動能力減低，因而產生避孕效果**）。

古典時代的希臘人非常注重控制人口數量，而且似乎爲達成這個目的，常常不擇手段，也不感到良心不安。舉個例說，柏拉圖和亞里斯多德就不僅贊成避孕，而且不反對遺棄嬰兒以減少家庭人口。西元前五世紀希臘「醫學之父」希波克拉第的門徒發明了一種子宮內避孕裝置，原來是一根內裝羊肉脂肪的小鉛管，可經子宮頸插一部分入子宮。我們現在都知道如果有異物留在子宮內，即能防止懷孕，因此可以說子宮內避孕裝置早在希波克拉第時代就出現了。

西元前世界各民族的人要避孕，偶爾採用體外射精法。雖然有一些證據足以證明希臘和羅馬時代的男人用過從動物體內剝取的薄膜做成的陰莖套，但是絕大多數情況下是由婦女方面著手的。西元二世紀，一個名叫阿克提奧斯的婦科醫生（原籍現代土耳其地方），提出的避孕辦法，更是理由充分，效果之佳教人難以置信。他說，如果男女雙方不願意要孩子，性交前應先用鹽水或醋洗一洗陰莖。現代醫學證明這兩樣物質的確極具殺死精子的能力。

當然，古希伯萊人相信盡力使宗族繁衍是他們的宗教使命，因此希伯萊人的著作或早期基督徒（他們的信仰以新舊約全書為根本）的著作中，正式談到如何才能有美滿的家庭生活，總不提節育的辦法。直到一八四三年，科學家才觀察到精子和卵子結合，從此避孕終於有了科學事實做根據，而並非如從前全憑臆測。然而耐人尋味的是：古代人對於受孕所知甚少，但他們用的避孕工具和方法與我們這個知識更豐的時代所使用的十分近似，古代人是從哪裏學會避孕的呢？

神秘滅亡的印加帝國

有一些學者根據印加人的記錄，
大膽推測當時印加帝國雖然擁有高度文明，
但卻被突襲而來的恐怖瘟疫，橫掃全國。
然而，就算是發生瘟疫，
難道當時的西班牙人具有免疫力？
即使印加人認命了，紛紛向瘟疫低頭，垂首等死，
試想一千一百萬的人口，如何能消滅殆盡？
遺留下來的謎，疑雲重重，彷佛替古代印加帝國的神秘滅亡增添點點色彩。

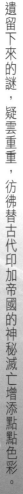

隨著南美考古研究的不斷發展，人們逐漸揭開了古老印加文明的神秘面紗。這個曾輝煌一時的文明中心不是偶然出現的，而是長期農業文明發展的結晶和昇華。

西元六世紀時，安第斯山區和沿海地帶大約共生活著一百多個部落，其中最主要的有四個：艾馬拉、莫契卡、普基那和克丘亞。普基那和艾馬拉部落活躍在的喀喀湖周圍地區，莫契卡部落則佔據了秘魯沿海北部地方。與它們相比，居住在庫斯科谷地的克丘亞部落無疑是十分原始的，然而這個不甘落後的部族很快就吸收了其他文化中心所取得的成就，從而迅速發展起來，萌生了印加文化之源。

到了西元十三世紀，克丘亞部落群中的印加部落開始崛起，建立了奴隸制國家。印加國家由大酋長統治，它與周圍的部落和國家進行著和平的產品互換和社會交往。隨著國勢日益強大，印加國家開始譜寫自己的征服史。

據傳說，印加王國大酋長曼科．卡派克帶領軍隊，穿過利利奧高原，征服了科利亞人，最先佔有了庫斯科谷地；邁塔．卡派克率軍渡過阿普里馬克河，到達了今天秘魯的莫克瓜和阿雷帕；此後的卡派克．尤潘基是個英勇的武士，他率眾到達了今天的玻利維亞，控制了沿海的納斯卡人。

一四三八年，帕查庫蒂（又稱作帕查庫特克）上台執政。這位印加王國史上最有名的君主是第九位統治者。他對外進行大肆擴張，屢建奇功。特別是他率軍征服了阿班凱，消滅了昌卡族入侵印加國家的基地，取得了決定性的勝利，為印加王國走出庫斯科谷地並向安第斯山區擴張掃清了道路。

在戰勝了昌卡部落後，他又率軍征服了卡哈馬卡、納斯卡、利馬和奇穆等地區。他的南征北戰使印加的疆域版圖不斷擴大，最終完成從早期奴隸制王國向帝國的過渡。繼帕查庫蒂之後，印加王卡派克·尤潘基開始向北擴張，取得了基多，向南推進到了今天智利中部的毛萊河。

印加部落經過近百年的征戰，征服了整個安第斯山脈中部地區的各個部落，建立了幅員遼闊的中央集權帝國。十六世紀初的印加帝國以秘魯為中心，向北包括厄瓜多爾的大部分、玻利維亞的大部分和阿根廷的西北部，向南到達智利中部的毛萊河，東達亞馬遜河叢林地區，西瀕太平洋，面積兩百多萬平方公里，人口六百萬以上。由於印加帝國是美洲空前強大的帝國，被後人稱之為「新世界的羅馬」。因此，印加人也就成了「新世界的羅馬人」。

印加帝國的社會制度是早期奴隸制，國王是統治全國的專制君主，不僅立法、行政大權獨攬，還是軍隊的最高指揮和首都庫斯科太陽神的祭司長。

印加帝國分為四個行政區（蘇尤），北部是欽查蘇尤，包括今天的秘魯中部、北部和厄瓜多爾；西南部是最大的科利亞蘇尤，包括今天的玻利維亞、阿根廷和智利；南部是孔德蘇尤，地處秘魯南部；東北部是安蒂蘇尤，佔據安第斯山脈中段地帶。這四個行政區合稱「塔萬蒂蘇尤」，即「大地的四方」。

行政區最高長官叫「蘇尤約克阿普」，由貴族世襲充任。同時組成貴族理事院，附屬於國王之下，負責王位繼承人的挑選。蘇尤以下是統轄四萬戶的軍區，長官叫「馬志尼」。軍區以下是「村社」，這種社會的基本單位，每個約有一百戶左右的人家，共同住在一個村莊內，或者散居在許多鄰近的小村落裏。村長叫「帕查卡·卡馬約克」，村社成員都屬同一血統親屬，受同一族神的保護。

印加奴隸制文明是南美各玉米文明的集大成者，這個美洲古代最發達的文明，不僅有比較發達的農藝，而且在建築、道路、冶金、紡織、製陶、醫學、天文曆法等各方面都取得了偉大成就。印加文明深遠地影響了南美近現代文明的發展。

宗教在印加帝國各族人民的生活中佔有很重要的地位，崇拜祖先，崇拜自然力，更崇拜太陽神。印加帝國的統治者把印加部落的主神——太陽神強加給安第斯山地區的各族人民，要他們信仰和崇拜，同時又允許保留和繼承各部落與村社或者家族的各種宗教信仰。

圖騰崇拜的殘餘是最爲古老的。印加人崇拜一些被認爲是神聖的草、木和動物。動物主要有美洲豹，還有南美兀鷲、大鷹和猿。某些村社地區以動物命名。植物的宗教化身，首先是玉米神和馬鈴薯神，因爲這兩種農作物在印加人的生活中起了重大作用。

瓦卡崇拜也是最爲普遍和較原始的宗教。瓦卡崇拜同祖先崇拜聯繫極爲密切，它把氏族祖先神演化成公社土地神和一般地方的保護神。瓦卡就是崇拜聖地或聖物，或者說是崇拜能引起人們崇敬之心以及能使人聯想起傳說中的歷史事件的地點。如山嶽、岩石、河流、湖泊、泉水和山洞等等。有的地方被看作是一個部落或村社的起源地，因此，人們經過此地時，都要唱哀歌進行祈禱。

印加人崇拜木乃伊之風也很盛行，這與崇拜祖先是密不可分的。人們常把木乃伊埋葬在用岩石鑿成的墳墓裏，木乃伊穿著盛裝，戴著首飾，旁邊放有日常用品以及食物和勞動工具。印加人對統治者的木乃伊崇拜尤爲虔誠。所有印加王的木乃伊都被仔細地保存著。它們在廟宇裏受到崇拜，在盛大節日時，祭司抬著它們去遊行，以示神聖。印加人認爲國王的木乃伊具有超自然的威力，所以，人們出征時常常把這些木乃伊抬到戰場上，以示祖先之威，相信戰爭定會因此取得勝利。

印加人還熱心於對自然力的崇拜。各種星辰和星座都被看作是神。印加人同樣崇拜地球和海洋。據傳說，兩個蛇形的神話人物能夠聯繫宇宙中幾個不同的世界。一條叫作「亞庫瑪瑪」的蛇，到達地面時就變成大河，經過天界時就變爲閃電，它被認爲是水神，威猛無比。另一條叫作「薩查瑪瑪」的蛇，有兩個頭，能直立緩行，像棵老樹。它到達天界時就變成彩虹，成爲肥沃富饒之神。這兩個神都受到印加人的熱烈崇拜。

太陽神本是印加部落之神，後上升成爲全國的主神。它在印加語中有幾個不同的名字：因蒂、維拉科查和帕查馬克。太陽神的形象，一般是人形，面部如金盤，光芒四射。太陽神的三個名字反映了人們對它崇拜的不斷政治化的過程。印加人傳說中的祖先曼科·卡派克是太陽神在太陽島中創造出來的，是「太陽之子」、神的使者。他享有印加的稱號，擁有最高權力。這是太陽神崇拜向王權神聖化方向發展的開端。

十四世紀，即帕查庫蒂執政年代，是印加太陽神崇拜、王權神化的制度化階段。「帕查」在克丘亞語就是時間，「庫蒂」就是轉變的意思，所以，帕查庫蒂名字本身就含有改革者的含義。帕查庫蒂本人厲行宗教改革，並樹立新神，使王權進一步神化。這也可能是解決王權同太陽祭司教權衝突的結果，因爲，據說專掌太陽神的祭司曾企圖限制王權。

帕查庫蒂並非否認崇拜太陽神。但他宣揚說，一切神靈都是由無形的、永恆和萬能的主神創造的。「太陽神操勞得很好，早晨起來很早，照暖大地，晚上退走。可是如果沒有上帝即萬物之主——偉大的帕查馬克，那麼誰來指揮太陽神呢？」這樣，庫斯科神也獲得了至高無上的地位，有了新的含義。帕查庫蒂把庫斯科太陽神廟變成全印加的聖殿，增設新神帕查馬克的神位，確立起王權神化的政治制度。

帕查庫蒂增設新神的運動也可能是王權同地方貴族妥協的結果。相傳，他征服了秘魯盧林河谷的部落後，發現了一個巨大的部落神祇，它是人們朝拜的聖地。他懂得要鞏固王權，特別是「薩帕」的大王之權，必須把這個聖地的神包括在自己的國教之中。因而，他給這個神取了一個克丘亞語的名字，並供養在宮廷神廟中。

印加人的太陽神崇拜與祖先崇拜有關。印加人廣為流傳的印加起源神話保留著祖先崇拜的痕跡。印加起源神話認為印加人的祖先是神，印加王朝是「太陽之子」阿亞爾四兄弟和瑪瑪四姊妹開創的。這四男四女是從庫斯科東南三十五公里處帕卡坦普里地方（**起源之地**）出來的。他們決定尋找一塊肥沃的土地，來建立代表他們的父親和保護人的太陽王國。

印加人的太陽神崇拜與自然力崇拜也是緊密相連的。對於生活在安第斯山地區的人們來說，初升的旭日會創造出無比美麗的晴空，給人們帶來美的享受，也會發出無限的光和熱，給人們送上光明和溫暖，這正是印加人祈求的賜予，他們多麼希望大地永久處在璀璨的陽光照耀之下。黃昏時，太陽的餘輝往往沉入浩瀚的大海，這十分自然的引起印加人依依惜別的心情。所以，印加人崇拜太陽是十分自然的選擇。

在印加帝國到了多拿卡巴克王統治時，造成了印加無以倫比的盛世，多拿卡巴克王死後，把印加帝國分為兩部分，傳與瓦斯卡爾和阿達瓦巴兩個兒子來統治。在一五三二年，兄弟反目，互不相讓的戰爭種下了自取滅亡的禍因。

「他們在太平洋上，乘坐浮水的大房子，擲出快如閃電、聲如雷霆的火團，漸漸靠近了。」正如預言所說，貓眼、尖鼻、紅髮、白皙的皮膚、蓄著鬍鬚的天使回來了，印第安人甚至沒有抵抗，便獻出一座空城逃逸了。

其實，他們錯了，這一批被誤認爲神祇的人，是西班牙征服者比薩羅和他率領的一百八十名士兵。比薩羅深知必須擒獲印加帝國的皇帝，方可擄獲更多的金銀財寶，於是比薩羅和同來的西班牙籍神父商量後，邀請阿達瓦爾巴——印加皇帝前來卡薩瑪爾卡鎮，接受天使的蒙召，阿達瓦爾巴帶著兩千名壯士，手無寸鐵地誠心接受召見，誰知竟然遭受監禁的命運。

比薩羅囚禁了皇帝，便將所有珍寶集中，並冷酷地殺死國王，以除後患。貪得無厭的比薩羅在殺死國王後，率兵前往印加首都庫斯科，企圖搜尋更多的寶藏，然而令人驚訝的是，在庫斯科城中，無論是宮殿、神廟都空無一物，連稱爲「太陽的尼姑庵」中百位美女亦不知去向，整個庫斯科城成了一所死的世界。

究竟印加帝國的人們以及財富，何以霎時之間消失得無影無蹤？至今仍令歷史學家們費思難解。

有一種說法是印加人民自知抵抗不過刀劍銳利、心思狠毒的西班牙人，於是用竹筏載著國王的木乃伊和國內所有的金銀財寶，經向上天祈禱過後，把這些昂貴的寶物沉到兩百五十公尺深的的的喀喀湖中。

然而仔細思考，印加人擁有七萬騎精銳，難道不敢和一百八十名西班牙人做殊死戰，而任由比薩羅橫行霸道？卻私下做大遷移，逃向不爲世人知曉的高山中，這似乎說不通。

然而今日許多考古學家在綿延的安地斯山脈中，陸續發掘到許多印加帝國的遺跡，證明印加人確實曾經拋棄辛苦經營的帝國，而在蠻荒的山地中再建王國。

在瑪殊比殊地方，考古學家丙海姆發現了一個洞穴，兩邊排著雕鑿極工整的石塊，可能爲一陵墓，陵墓上是一座半圓形建築物，外牆順著岩石的天然形勢建造，契合的巨石間插不進一張紙，牆是用紋理精細的純白花崗岩方石砌成，匠心獨具，頗有藝術價值。在這山上的墓穴中的骨骸，女性占絕大多數，從其中貴重的玉器也表示她們是重要的人物，是否當年「太陽的尼姑庵」中的美女被送到這裏，繼續爲印加帝國祈禱呢？

由於印加人民沒有發明文字記載，使得遺留下來的問題更具神秘性。有一些學者根據印加人的記錄，大膽推測當時印加帝國雖然擁有高度文明，但卻被突襲而來的恐怖瘟疫，橫掃全國。然而就算是發生瘟疫，難道當時的西班牙人具有免疫力？即使印加人認命了，紛紛向瘟疫低頭，垂首等死，試想一千一百萬的人口，如何能消滅殆盡？

遺留下來的謎，疑雲重重，彷彿替古代印加帝國的神秘滅亡增添點點色彩，有沒有可能在西班牙人一入侵印加帝國，另一位國王瓦斯卡爾率領著數以百萬的印加人深入蠻荒的安第斯山中，以無比堅毅的信念與勇氣，在整座山上遍築藏身的棲息之所，於是一座座宏偉的建築物在隱密的叢林中再現，當他們養精蓄銳，打算再度恢復當年的印加勢力時，一場大瘟疫侵襲，殘存的印加人無力再重新振奮勢力，只得繼續逗留在叢林中，埋葬死者，消滅遺跡，爲了避免再度引起紛爭，他們銷毀了高度的文明，企圖掩飾當年印加帝國的強盛……然後以最簡單的方式，聚集部落爲生，形成今日印第安人的祖先呢？

眾說紛紜，有待歷史學家、考古學家們集思廣益，爲它尋求一個準確的解釋。

馬雅人拋棄文明之謎

馬雅人為什麼要背井離鄉，
廢棄他們祖祖輩輩在瓜地馬拉叢林裏辛辛苦苦創建起來的燦爛文化，
而遷移到乾旱的尤卡坦半島上呢？
在對瓜地馬拉叢林裏的蒂卡爾等馬雅古城的考古發掘中，
至今並沒有發現當年馬雅人被外來入侵部族趕走的痕跡，
也沒有發現馬雅人內部出現了軍事對抗的痕跡。

馬雅文化至今仍然是人類社會的一大奇跡。從時限上來講，馬雅文化從西元三世紀末一直到西元十六世紀西班牙人佔領墨西哥時爲止。蒂卡爾古城最古老的一塊石碑上刻著的日期是西元二九二年，可以認爲它是馬雅文化的開端。西元一五一四年，西班牙殖民者佔領了墨西哥南端的尤卡坦半島，馬雅文化也隨之而終結了。從空間上來看，馬雅文化從瓜地馬拉太平洋沿岸一直延伸到墨西哥南端尤卡坦半島。

尤卡坦半島是一個高低起伏的石灰質高原。這裏沒有河流和湖泊。水在地下深溝裏流著，給人們提供的是一些天然的水井。直到現在，這裏的居民在很大程度上仍然是依靠老天降雨，依靠各處的天然水井。這就是爲什麼在尤卡坦半島的大部分紀念性建築物上都雕有數不勝數的雨神形象。當年的馬雅人依靠各地天然水井來做飲用和灌溉，並在它們附近逐漸建起了城市。其中，就有一座顯赫一時的「羽蛇」城奇琴伊察。

誰也不知道，奇琴伊察原來是什麼名稱。這裏的許多大建築物，比如，名爲「卡斯蒂洛」的庫庫爾坎神廟金字塔（或稱「羽蛇神金字塔」）和勇士神廟等等，都是建在另外一些建築物的上面的。據說，這裏早在西元五世紀到七世紀末就是一座城市，後來被廢棄了。

另外，考古學家在帕倫克的銘文殿金字塔裏，發現了一個馬雅人的古墓，古墓的石槨裏，保存著一具酋長或祭司的遺骨。在槨蓋上，有一個像火箭剖面的圖案。圖案中部的人很像一個手握操縱杆的宇航員。值得注意的是「宇航員」那直達前額、宛如長楔的大鼻子。在墓中殉葬的玉像，以及當地武士和中年婦女的雕像上，都有這樣一個長鼻子。

然而，到目前爲止，還沒有發現任何現代人有這樣高而長的鼻樑。不過，這些高而長的鼻樑的塑像，卻與當地古代傳說中的「額鼻人」相吻合。據說，駕駛著飛行器的「額鼻人」曾經從天而降。現在看來，這種傳說也許是有些根據的。「額鼻人」或許就是天外來客。過去，人們一向認爲金字塔是一種墳墓，一百多年前，人們從馬雅人的金字塔裏發掘出了許多東西。這些東西在今天已有一部分被辨認出來了。

使專家們震驚的是，原來它們是一些精緻的透鏡、蓄電池、變壓器、太陽系模型碎片、不銹鋼和其他不知什麼合金製造的機械、工具等。因此，專家們推測，金字塔原先可能是馬雅祖先的一種物資供應倉庫。只是由於金字塔內部的奇特空間形狀，能使停放在塔內的一定部位的屍體木乃伊化，因此，頭腦中有著永生渴望的民族，要把自己首領的屍體放進這種供應物品已用完的大倉庫中，於是，金字塔就被人們誤認爲墳墓了。

在馬雅人來到之前，在奇琴伊察居住著托爾德加人。他們是墨西哥的土著印第安人中的一個部族，也曾經創造過燦爛的文化。馬雅人來後同化了本地文化，馬雅史學家把它稱之爲馬雅古典時期的後期馬雅文化。他們崇拜的就是「羽蛇神」和雨神。在奇琴伊察的建築物上，幾乎到處都刻有「羽蛇」或「人——鳥——蛇」形象。聳立在奇琴伊察城中心的一座顯要建築物就是「卡斯蒂洛」羽蛇神金字塔。據說，人們在這裏可以看到「羽蛇」神現身的奇景。

金字塔上雕有一個羽神頭像，而蛇身則隱在金字塔的階梯斷面內。在春分、秋分之日，夕陽西下之時，從某個特定的角度望去，就會看到夕陽的餘暈正好射在蛇神的頭後，形成波浪形的長條，猶如徐徐遊動的蛇身。所以，奇琴伊察也就被馬雅史學家稱之爲「羽蛇」城。

「羽蛇」城裏有兩口直徑六十米的天然大水井。馬雅人把其中的一口水井作爲飲水和灌溉農田之用，而把另一口水井奉爲「聖井」，用來祭祀雨神。據說，馬雅人相信雨神就住在這口「聖井」底下的宮殿裏。這口「聖井」位於羽蛇神金字塔「卡斯蒂洛」北面三百米的地方。

在這口「聖井」東面，有勇士神廟、千柱廣場、商場、遊樂球場和蒸氣浴室。「聖井」西面有一座巨大的祭壇。祭壇前是一塊長一百八十米、寬七十五米的球場。球場的南北兩側是兩座宮殿型建築物（究竟是神廟還是王宮，目前尚不清楚），還有一座美洲豹神廟。再往北，就是聞名遐邇的「蝸塔」天文視察台。馬雅人通過對太陽週期的觀測，定出一年的祭祀日期和播種收割時間。在勇士神廟和「聖井」之間，有一條寬四點五米，長四百米的石子馬路。

在南北近四千米的「羽蛇」城裏，神廟、宮殿、街道、祭壇、廣場等井井有條，這表明，當時的馬雅人有著良好的社會組織。「羽蛇」城統治著尤卡坦半島的東部和北部地方長達兩個多世紀之久，直到西元一四四一年被入侵墨西哥的西班牙殖民軍佔領時爲止。從那以後，「羽蛇」城便日漸蕭條，最後終於被荒野叢林所吞沒。

四百多年後的一八八五年，有一位美國人愛德華．赫伯特．湯普森來到了墨西哥，就任美國駐尤卡坦半島的領事。湯普林對馬雅人的風俗習慣和文化藝術深感興趣，而且頗有研究，是一位知識淵博的馬雅專家。正因爲這樣，他才受到美國麻塞諸塞州參議員霍爾的推薦而被美國政府任命爲駐尤卡坦領事。

湯普森相信這樣的傳說：當年尤卡坦半島上的馬雅人，每逢遇到乾旱，就以爲是雨神在生氣了。爲了安撫雨神，就要選送一名美麗的姑娘投入「聖井」，去當雨神的新娘子，以少女的魅力去平息盛怒的雨神。所以，每到祭奠雨神那一天，馬雅人就會從各處聚集到「羽蛇」城來，爲新娘子舉行「婚禮」和送行。

在一片鼓樂聲中，身著白裙的少女由祭司們領著，穿過人群擁擠的街道，來到「聖井」旁邊一個莊嚴的祭壇。一名護送少女去雨神宮殿的勇士，身披華麗的鎧甲，頭戴插有羽毛的戰盔，緊跟在少女身後。

隨著鼓樂聲，祭司們念起了祭文。與此同時，站在「聖井」邊送行的人群，開始摘下頭上的珠寶，取下佩帶的金銀首飾，紛紛扔進這個深不見底的大「聖井」，以表示自己對雨神的虔誠和崇敬。可憐的少女這時也許還真的相信，這一切都將使她走上一條幸福的永生之路。

鼓樂聲越來越響，祭司們抓起少女的手腳。接著，一名紅衣祭司大聲唱起了祭歌，祭司們把少女輕輕一提，迅速舉過頭頂，剎那之間，少女已被扔進了「聖井」。少女的「衛士」隨即也跟著跳進了「聖井」。

年復一年，雨神的要求永無止境。不知有多少純潔的馬雅姑娘慘遭無端的禍害，也不知有多少金銀珠寶落到「聖井」之底。有一位布拉塞爾・德・布林牧師曾經根據當時的傳說，寫過一本書叫《尤卡坦半島記事》。他在這本書裏說：「如果說這個地方有什麼黃金和珠寶的話，無疑，這些都埋藏在這口『聖井』之底。」

然而，令人難以置信的是，從「聖井」裏撈上來的財寶不久竟不翼而飛了！據說，被非法運走或偷走了。有人曾懷疑是奧地利考古學家特奧貝爾・馬萊幹的。但是，在馬萊死後，人們在他家裏並沒有發現任何一件「聖井」裏的失蹤財寶。湯普森除發掘了聞名天下的「聖井」外，還發現了神秘的金字塔陵寢——「偉大的祭司之墓」。

一天，湯普森在考察奇琴伊察的一座金字塔形神廟時發現，神廟頂部有一座聖殿。他察覺聖殿正中間有一塊石板非常特別。他撬開石板，發現下面居然有一條4米多長的巨蛇盤繞在一間正方形的石室中間！湯普森打死了大蛇，又發現巨蛇下面還有兩具被咬死的人屍殘骸。骨骸下面的地板中間，又有一塊大石板。他撬開石板，發現底下又是一間石室。就這樣，他一連掀開了五塊石板，最後看到有一條階梯，一直通到另一間石屋。

湯普森在這間石屋裏又挪開了一塊石板，終於發現底下是一間深達十五米的石室。在石室的地板上擺著許多玉雕和石雕的器皿，以及珠寶項鏈等首飾。據判斷，這座金字塔形神廟可能是馬雅權貴階層的一個大祭司的安葬之地，類似埃及法老的大金字塔，屬於墳墓一類的建築物。所以，人們就把它叫作「偉大的祭司之墓」。有人認爲，它可能就是那位以「羽蛇」神自居的庫庫爾坎的陵寢。不過，迄今還沒有確實的資料可以證實這一點。

「羽蛇」城奇琴伊察被馬雅史學家認爲是馬雅古典時期後期的馬雅文化中心。「聖井」的發掘，對瞭解和研究馬雅人的宗教和習俗，無疑提供了極爲重要的資料。但是，圍繞著「羽蛇」城的歷史，至今仍有許多難解之謎。

其中的一個謎就是，馬雅人爲什麼要背井離鄉，廢棄他們祖祖輩輩在瓜地馬拉叢林裏辛辛苦苦創建起來的燦爛文化，而遷移到乾旱的尤卡坦半島上呢？在對瓜地馬拉叢林裏的蒂卡爾等馬雅古城的考古發掘中，至今並沒有發現當年馬雅人被外來入侵部族趕走的痕跡，也沒有發現馬雅人內部出現了軍事對抗的痕跡。

有人說，遷移可能是由於氣候出現了異常變化。但是，從馬雅人的舊居到奇琴伊察，兩地的直線距離只有三百五十千米。這樣的距離對於逃避災難性的氣候來說是遠遠不夠的。有人說，可能是一場瘟疫迫使馬雅人遷移的。但是，至今也沒有找到可以證實此說的任何資料。

有人認爲是水耗盡和瘟疫，以及社會統治腐朽，起義農民把貴族與祭司殺光了，馬雅文化也就隨之泯滅了。但是，人們對此說仍持懷疑態度，因爲問題沒有這樣簡單。

有人說，是外國的入侵和戰爭造成的，自從一四九二年十月十二日，由克里斯多夫·哥倫布率領的遠征隊駛抵巴哈馬群島中的瓜納哈尼島，即現在的聖薩爾瓦多島後，西班牙、葡萄牙的殖民主義者便開始把自己的殖民擴張觸角伸向據說是黃金遍地的美洲。他們用刀和火爲歐洲文明傳入新大陸進行了最殘酷的「洗禮」。

十六世紀，大批西班牙征服者就手持殺人武器踏上了古老的墨西哥、秘魯、瓜地馬拉的國土。在他們的足跡所到之處，整座整座的城市被夷爲平地，大批大批的印第安人慘遭殺害。一五一九年二月，由西班牙窮貴族埃爾南多·科爾特斯率領的遠征隊開往尤卡坦半島。他的遠征隊裏有十一艘戰船，十門平射炮，四門鷹炮及十六匹戰馬。這支遠征隊在科蘇梅爾島樹起十字架，燒毀了印第安廟宇，接著開往塔巴斯科，同馬雅族印第安人進行了第一次戰鬥。由於馬雅人的英勇抵抗。西班牙殖民主義者直到十六世紀四十年代中期才得以征服整個尤卡坦半島。

在侵佔馬雅印第安人的城市時，入侵者橫行無忌，無惡不作。他們把美洲文化的無價之寶都毀於熊熊的烈火之中，把祭司們所搜集的資料都付之一炬，還把大批珍貴的手稿作為多神教的書籍毀於一旦。許多馬雅祭司也被十分殘忍地活活燒死。馬雅文化遭到了一場空前的浩劫，馬雅人在經歷了這場災難後也突然全部神秘地失蹤了。

馬雅人離開故土，不知去向。是瘟疫肆虐還是異族的入侵使他們集體遷移了？在歷史上一直是一個謎。最近，美國的考古學者認為馬雅人是自己毀滅了古文明。他們用資料來證實：馬雅人的人口，從西元前八百年起增長了十七個世紀，平均每四百零八年翻一番，到了西元八百年至九百年，人口增至五百多萬，這麼多的人擁擠在瓜地馬拉低地中，其密度和今天發達地區差不多，為了生存，馬雅人毀林造田，結果是水土流失，連年災害，馬雅人終於自己毀了自己的家鄉。假如這個悲劇是真實的，不是足以告誡現在的人們嗎？

復活節島孤寂的巨人像

復活節島是南太平洋中的一個孤島，
因一七二二年復活節這一天，
被荷蘭航海家羅傑溫發現而命名。
島上因有數百尊巨石雕像而聞名於世。
其石像高逾九米，重約三十噸，
石像面色凝重，神容孤傲，令人難以理喻。
其石像及所涵蓋的文化意義，令無數學者所熱衷。

在距離南美大陸三千七百千米的南太平洋中，有一個美麗而神秘的孤島，這就是著名的復活節島。它面積只有一一七平方千米，人口不過一千四百人。然而，在全世界千千萬萬的其他島嶼中，沒有一個像它那樣充滿了如此眾多的引人入勝之謎。

三百多年前的一六八六年，英國探險家愛德華．大衛第一次登上了這個小島。他抬頭四望，只見荒山禿嶺，滿目荒涼。但是荒島上卻聳立著一個個巨大的石像，奇怪的姿態和陰沉的眼神讓小島籠罩了深厚的神秘氣氛，大衛把這個小島命名為「特里斯特伊埃斯特拉尼亞」，意為「悲慘而奇怪的土地」。

一七二二年復活節這一天，荷蘭航海家雅各．羅傑溫和他的同伴們在太平洋南部海域航行時，又意外地發現了這個無名的島嶼，並高興地將這個島嶼命名為復活節島。

第二天清晨，當羅傑溫還心滿意足地於夢鄉之中的時候，他的一位助手突然破門而入，並喚醒了他，並氣喘吁吁地報告說，適才在島上發現了不可思議的奇跡。羅傑溫趕緊隨這位助手跑向「出事」地點，而眼前呈現的奇異景象使他驚駭得幾乎說不出話來。島上的土著居民正在舉行宗教儀式，他們點燃起火堆，伏臥在地上，向著他們崇拜的神像喃喃地祈禱著。

這些神像高達九米，是用巨石鑿刻而成的人頭像，長耳朵，短前額，大鼻子，面部表情十分嚴肅，令人望而生畏。而巨石人像的數量之多也是驚人的，僅這一處就達四十多個，而在不遠處的拉諾・拉拉古山的一面斜坡上竟多達三百個！它們有的並靠在一起，更多的是隔五十碼左右一個個地散立著。而每一尊巨石人像的重量都在三十噸以上！

羅傑溫和他的同伴們面對這孤島荒嶺之上的亙古奇觀，不能不產生一系列不得其解的問題：是誰塑造了這些巨石人像？它們產生於什麼時代？爲什麼人們要創造這些面孔冷峻、長相奇特的巨石頭像？它們又是怎樣被置放在荒丘野嶺之上的？

發現者們是航海家而非考古學家，他們自然不能解釋這些難題。但是他們帶回歐洲的資訊，卻使復活節島上的怪石之謎成了近幾個世紀歐洲學者熱衷探討的一個課題。經過長期深入的研究，其中包括考古學、地理學、民族學、語言學、民俗學等多學科的綜合考察，當代學者已對復活節島的歷史及島上怪石之謎有了一些初步的認識，當然在他們的描述中也不乏天才的想像成分。

多數考古學家和歷史學家認爲，復活節島上延續至今的土著居民——玻利尼西亞人，是在西元十二世紀左右定居於島上的。相傳這部分最早的土著居民是乘著木筏，憑藉著玻利尼西亞人高超的航海技術，從島的西北面三千七百千米以外的太平洋島嶼馬克薩斯群島遷移過來的。這部分「移民始祖」的長相特徵是：耳垂很大，因此顯得耳朵很長，故被考古學家們稱爲「長耳人」。這批早期移民在極其艱難惡劣的自然條件下，克服了無數難以想像的困難，終於在島上頑強地生存下來了。

大約十四世紀前後，「長耳人」爲了紀念他們的移民始祖所開創的基業，開始在島上建造巨石人像並將其作爲偶像加以崇拜，他們還賦予這些神像以「莫埃依」的尊貴名稱。繼「長耳人」之後不久，又有一批新的移民從太平洋的其他島嶼遷居到這個島上。據說他們的耳朵與「長耳人」相比要短小許多，也許就像普通人一樣正常，歷史學家們爲區別起見將這部分居民稱爲「短耳人」。而「莫埃依」神像，也同樣是「短耳人」的崇拜物。

在開始的一段時間裏，島上的兩部分居民友好相處，親如一家。但在兩個世紀的和平歲月之後，分裂對抗的不幸局面卻發生了。「長耳人」依靠較長時間裏建立的移民優勢，逐漸轉而壓迫並欲統治「短耳人」。不平等現象的日漸增多，終使「短耳人」起而反抗，導致了部落間的戰爭。經過殘酷的搏鬥廝殺，「長耳人」逐漸處於劣勢並後撤到該島東端的玻依克高地。

他們在那裏挖了一條兩千米長的溝壑，並塡上樹幹和灌木條點火引燃。但這條大道僅擋住了一部分「短耳人」的攻擊，另一部分「短耳人」卻機智地避開火道，從高地的另一端攻了上去。這一突襲使「長耳人」潰不成軍，他們被趕到了自掘的火道邊上，絕大部分人都被活活燒死，生還者寥寥無幾。考古學家們根據那條溝壑的土層做了碳化分析，估計那場戰爭進行的時間大約在一六八〇年左右。

在荷蘭航海家雅各·羅傑瘟於一七二二年首次發現復活節島之後，島上部落間的內戰還時有發生，最後的和平局面到一八六〇年左右才告形成。在長期的部落混戰中，島上還出現過推翻「莫埃依」神像的事情，有些學者推測，這可能是一部分「短耳人」對「長耳人」懷有舊恨所致，他們反對繼續尊奉以「長耳人」形象為特徵的巨石人像為崇拜物。

有趣的是，復活節島上巨石人像的崇拜意義，隨著一些歐洲傳教士入島後傳播基督教的活動也有了變化。一部分皈依基督教信仰的島上居民，認爲「莫埃依」神像不是祖先創造的，而是上帝創造的。人們只有懷著虔誠的感情向這些神像祈禱和懺悔，才可能得到上帝的恩賜和寬容。

但以上這些有關復活節島的歷史和巨石人像產生原由的解釋，並不是所有學者都同意並接受的。二十世紀著名的挪威探險家索爾·海爾達爾，就對復活節島的土著居民來源問題提出了不同見解。他在一九四七年撰文指出，復活節島的最早移民並非是來自太平洋島嶼的玻利尼西亞人。其有力論證是：在復活節島上發現了刻有表意文字的硬木書板，而在島上一些巨石人像的後頸部位也發現刻有表意文字。

但歷史學界經過考察一致公認的一個事實是：玻利尼西亞人從未有過書寫文字的表達形式。這就是說，復活節島的最初移民一定是來自有過文字歷史的某個其他民族。海爾達爾認爲，這個民族就是古代馬雅人的後裔、印加帝國統治以前的秘魯人。他們不是在西元十二世紀左右才來到復活節島上的，而是早在西元三世紀時就漂流到了這裏。這些移民即真正的「長耳人」，有很高的石刻技術，他們大約在西元一一〇〇年開始建造「莫埃依」巨石人像。而至十五世紀左右，「短耳人」才從馬克薩斯群島遷居到島上。

索爾・海爾達爾在對秘魯和復活節島分別進行了實地考察之後，還提出了一個幾乎不容辯駁的論證：這就是在秘魯維拉科察一地發現的石刻人像，其面貌特徵與復活節島上的石刻人像驚人地相似。由此可以斷定，復活節島的最早居民和島上巨石人像的創造者是秘魯人。

但秘魯人也好，玻利尼西亞人也罷，他們爲什麼要在島上創造如此巨大、如此眾多的人面石像呢？難道僅僅是後人紀念先驅者的「祖先崇拜」心理所致嗎？一些心理學家分析，可能是島上居民在長期與外界隔絕的孤苦、乏味生活中，想從這種富有藝術性的勞動中得到某種寄託和快樂。也可能是他們精神上總陷於苦悶和空虛，要通過建造巨石神像捲入一種狂熱的宗教信仰，以得到某種解脫。

還有可能是爲了對島上出沒的野獸或入島的外來侵略者形成心理上的威懾力量，才把「莫埃依」神像建造得如此巨大，並個個都是威嚴可畏的樣子。當然，復活節島的早期居民建造巨石人像的真正動機，現在已無從得知了。

但最讓人困惑不解的謎團，是巨石人像的置放問題。考古學家們已發現島上所有的石像都取材於一個火山口內的岩層。但島上居民是怎樣把它們運送出來並置放在斜坡或平地上的呢？也許是用滾木運輸。但考察表明島上的土壤條件不可能生成粗大的樹木，滾木的原料就成了問題。是用樹藤編成繩網套拉牽成的嗎？實驗表明藤網套在三十噸重的石像上會一拉就斷的。而經測量，從火山岩洞口到斜坡處散放的巨石人像之間的距離，最近的六米，最遠的一〇五米。島上的早期居民究竟使用什麼工具、運用什麼方法，將巨石人像移放到現今位置上的呢？這在今天，也依然是一個未解之謎。

一位富於非凡想像力的德國學者伊里奇·馮·丹尼肯，認爲復活節島上的石像巨作是世界古代奇跡的一個突出表現，他甚至認爲石像的作者是幾百年前的「外星來客」。儘管這一假說是毫無根據的猜想，但它何嘗不是現代人對古代奇跡感到不可思議而生出的一種感歎呢！

復活節島是個石像博物館。仔細研究以後，考古學家發現，島上的石像有兩種不同的形象。一類濃鬢繞頰，鼻子窄長，頭上有假髮似的頂髻，雙眼凝視大海。另一類的形象與此不同，豎立的位置也不同，矗立於三個火山的斜坡上。

這可能是因爲島上有兩個不同的種族的緣故。石像是一種對祖先的崇拜物，它的形象是自己種族的祖先的形象。他們建造石像是祈求祖先保佑部落昌盛，祈求祖先賜予他們力量，祈求豐收和勝利。

但是，復活節島上的藝術家們爲什麼丟下他們正在創作的藝術作品而不顧？復活節島爲什麼變得如此衰落呢？美國加利福尼亞大學的考古學家吉爾認爲，是戰爭造成了復活節島文化衰落。他認爲島上資源缺乏，空間狹小，加上兩個種族有很大的文化差異，這就必然會導致戰爭。

復活節島上有數不清的謎團，有萬千個推論與假設，但答案仍舊沒有找到。

遭火山定格的龐貝城

龐貝，義大利那不勒斯附近的古城，約建於西元前七世紀。
距維蘇威火山十公里。
西元七九年八月，火山爆發，全城湮滅。
十八世紀中葉，陸續發掘其遺址，
出土許多藝術品及壁畫等，
為研究古羅馬社會生活和歷史提供了原始資料。
距其十一公里處的赫庫蘭尼姆城也毀於這場災難。

龐貝城是義大利半島西南角坎佩尼亞地區一座歷史悠久的古城，西北離羅馬約兩百四十公里，它位於維蘇威火山西南腳下十公里處，西距風光綺麗的那不勒斯灣約二十公里，是一座背山面海的避暑勝地。

據記載，龐貝城是由奧斯坎斯部落興建的，早在西元前七世紀，它已是一座人口稠密、商旅雲集的小城。西元前八九年，龐貝城被羅馬人佔領，成爲羅馬帝國的屬地。到西元七九年爲止，這裏已成爲富人的樂園，貴族富商紛紛到此營建豪華別墅，盡情尋歡作樂。龐貝城人口超過二點五萬人，成爲名聞遐邇的酒色之都。

據地質學家們考證，維蘇威火山海拔一二七七米，它是一座典型的活火山，數千年來，它一直在不斷噴發，龐貝城就是建築在遠古時期維蘇威火山一次爆發後變硬的熔岩基礎上的。可是，在西元初年，著名的地理學家斯特拉波根據維蘇威火山的地形地貌特徵，斷定它是一座死火山，當時的龐貝人完全相信斯特拉波的這一論斷，對維蘇威火山滿不在乎。

在西元七九年八月廿四日這一天，維蘇威火山突然噴發了。瞬息之間，火山噴出的灼熱岩漿遮天蔽日，四處飛濺；濃濃的黑煙，裹挾著滾燙的火山灰，鋪天蓋地降落到龐貝城；空氣中瀰漫著令人窒息的硫磺味，熏得人頭昏腦脹。很快，厚約五點六米的熔岩漿和火山灰就毫不留情地將龐貝城從地球上抹掉了。歷史的記載也從此中斷。

一五九二年，有人在龐貝城所在地修建水渠，偶然發現一些大理石碎塊和古錢。一六八九年，有人在那不勒斯郊外掘井，發掘出一些刻字的石塊，其中有一塊刻有龐貝的名字。據此有人推測，龐貝城就在這一地區。

一七四八年，當地農民在龐貝古城遺址偶然發現一些遺物，於是尋找龐貝古城的工作就此開始了。四月六日，從棕紅色的火山灰堆下發現了第一幅奇妙的壁畫。四月十九日，挖出了第一具人體殘骸，殘骸旁邊散落著一些古代金幣和銀幣，從死者留在地上的痕跡來看，這個死者正在急匆匆地去抓滾落的金幣時，就因火山爆發，厄運突降而暴卒了。

一八〇八年至一八一五年，法國學者繆拉主持了這座死城的發掘工作。從一八六〇年起，人們對龐貝城進行了系統的發掘。一八九〇年，考古學家烏塞皮・菲奧雷利使發掘工作走上正軌，他研製出一種新的發掘技術，使死城中被埋葬的人、動物、傢俱、木結構建築物等充分地再現當年的風貌。

澆鑄後形成的塑像生動逼真，栩栩如生，再現了古城居民當年罹難時的各種姿態。遊客可以看到死難者臨死百態：或兩手抱頭，蜷縮一團；或手掩臉部，仰倒在地；或懷抱嬰兒，母子同難；或手攥錢袋，倉皇逃跑；還有掙不脫枷鎖，死在鐵鏈上的奴隸角鬥士……一幕幕悲劇呈現在遊客眼前。一切都似乎發生在昨天，龐貝城好像沉睡了一千九百年，剛剛甦醒。

龐貝城占地面積一點八平方公里，城牆用石頭砌建，周長四點八公里，有城門七個，塔樓十四座，蔚爲壯觀。縱横的四條石鋪大街構成一個「井」字形，將全城分割成九個區，每塊地區又有許多大街小巷相通，大街上被金屬車輪輾出的深深的車轍，歷歷在目，彷彿馬車剛剛駛過一般。

在大街的十字路口都設有石頭水槽，高近一米、長約兩米，向市民供水。水槽與城裏的水塔相通。水塔的水則是通過磚石砌成的渡槽，從城外高山的泉水引進而來的，然後分流到各個十字路口的公共水槽中，貴族富商庭院的噴泉和魚池也是依靠這個系統供水的。

龐貝人還修建了三座大型劇場，其中最大的一座位於城東南，建於西元前七十年，可容納觀眾兩萬人，兼做角鬥場，當年人與人、人與獸的角鬥就在這裏舉行。這座大型劇場的東側還有一座圓形體育場，近似正方形，每邊長約一百三十米，場地三邊圍以圓柱長廊，黃柱紅瓦，十分華麗，場地正中是一個游泳池，這個體育場估計能容納觀眾一萬餘名。

龐貝城遺址充分反映了古羅馬社會的道德墮落，一部分人耽於酒色，紙醉金迷，生活淫靡。龐貝城明顯有兩多：一是妓院多，一是酒館多。妓院牆壁上畫滿了不堪入目的春宮畫和各種淫蕩的場面；城內酒店林立，店鋪不是很大，酒壚與櫃檯都在門口，酒徒可以站在櫃檯外面喝酒，在一些酒店的牆壁上，留下了酒鬼們信手塗鴉的歪詩邪文，至今依稀可辨。

西元七九年八月廿四日早晨，在維蘇威火山爆發之前，那不勒斯海灣晴空萬里，陽光明媚。在海濱聖地赫庫蘭尼姆城，麵包師塞克斯塔斯．派特卡斯正在麵包房烤著麵包和糕點，蔬菜水果販子奧拉斯．法菲熱斯正往水果和蔬菜上灑水，一位雕刻師正在加工一塊美玉，一個生病的孩子躺在珠寶店後面的一所房子裏，一個粗壯的搬運工正在造船廠搬運一箱貨物，一個十四歲的小保姆正在照看僅十個月的嬰兒……整個城市的居民處在寧靜歡快的氣氛之中。

中午，赫庫蘭尼姆城的居民感到大地在震顫，並聽到震耳欲聾的爆炸聲和雷聲，抬頭望去，只見東面四公里遠的維蘇威火山口沖出一股蘑菇狀的煙柱，霎時間遮天蔽日，天昏地暗，滾燙的岩漿以每小時一百公里左右的速度迅速地湧向這座城市，其溫度估計高達攝氏三百九十九度。驚恐萬狀的居民爭先恐後地湧向海灘，沿海濱或乘船逃命。十九個小時以後，當維蘇威火山平靜下來時，赫庫蘭尼姆城已經被掩埋在厚達二十到三十米的黑色岩漿下面。

幾個世紀過去了，赫庫蘭尼姆城與十一公里外的龐貝城逐漸被人們遺忘，直到文藝復興時期，義大利人研讀祖先留下的手稿時，才知道維蘇威火山附近有兩座被埋葬的城市。一七〇九年，工人們在「死城」挖井時，發現了古時劇場的舞台，進一步挖掘後，發現了眾多的大理石構件。赫庫蘭尼姆城就這樣很偶然地被發現了。

一七三八年，義大利皇家圖書館館長、人文學家唐·馬塞羅·凡努提侯爵開始在赫庫蘭尼姆城發掘。同年十二月十一日，找到一方銘文，從而瞭解到有個名叫魯福斯的人曾出資興建「海格立斯劇場」。據此，專家們斷定，這裏就是失蹤千年的羅馬古城赫庫蘭尼姆。直到一九二七年，義大利政府才決定對赫庫蘭尼姆城進行分階段的發掘，赫庫蘭尼姆城的原貌逐步得以顯現出來。

赫庫蘭尼姆城，又名海格立斯，以希臘神話傳說中的英雄海格立斯之名命名，在歷史上，它曾被義大利幾個不同的民族相繼統治過。西元前八九年，它同龐貝城一起被羅馬人佔領，成爲古羅馬的一個屬地。西元七九年八月廿四日維蘇威火山爆發前，其占地面積約二十三萬平方米，人口達五千人。

赫庫蘭尼姆城建在由維蘇威火山流下的兩條溪流之間的高地上，四周高牆環繞。由於落在龐貝城上的火山灰和浮岩比較疏鬆，掩埋得較淺，平均只有三點六米深；而覆蓋在赫庫蘭尼姆城的熔岩混雜有許多巨大的岩石，掩埋得較深，平均深達二十到廿六米，這就給發掘工作帶來了許多想像不到的困難。

在一個小吃店的櫃檯上還擺放著胡桃；修理店裏，一個銅燭台和一尊酒神銅像仍放在原處等待修理；麵包房裏，烤麵包的銅盤仍舊留在烤箱裏；離這兒不遠處，兩頭小毛驢的骨架永世套在磨盤上；玉雕店裏，一個病孩躺在一張精美的木板床上，桌上放著爲他做的一條雞大腿……

但是，赫庫蘭尼姆城的居民卻「失蹤」了。在最初兩百五十年的挖掘中，只找到九具遺骸。所以人們一度認爲赫庫蘭尼姆城的居民大多數逃走了。今天的那不勒斯市，仍保留有「赫庫蘭尼姆居民區」。

事實並非如此。一九八〇年，工人們在安裝地下水泵時，發現兩具躺在古海灘上的遺骸。一具是矮胖的男性，考古學家們發現他的身邊有隻打翻了的船，故稱他爲「舵手」，另一具是女性，她被認爲是位「美女」。一九八二年，考古學家們大面積清理海灘，出乎意料的發現了十三具遺骸，其中一具身上佩有軍用劍和鞘，說明他生前是個士兵。

同一年，挖掘機挖通海堤下面堵塞著岩石的三處石頭拱門，在一個拱門下，發現六個成年人、四個兒童和一個懷抱嬰兒的小保姆，他們的遺骨擠作一團，在另一個拱門下，一排排地躺著四十八具屍骨，而在第三處拱門下，十九具屍骨和一匹馬的屍骸橫七豎八地堵在裏面。

赫庫蘭尼姆城前後共出土了近兩百具遺骸，爲了防止這些遺骸迅速腐爛，史密森大學物理考古學家薩拉·比西爾將他們浸入一種防腐的丙烯酸樹脂溶液中。隨後，對他們進行了深入細緻的研究，瞭解到古羅馬男子一般身高一點七十米，女子一點五五米，雖然其中幾具骸骨有患關節炎、貧血症等跡象，但總的說來，大部分人營養充足、體格健壯、肌肉發達。

赫庫蘭尼姆雖與龐貝城幾乎同時覆滅，但兩座死城的狀況存在著很大區別。西元七九年，維蘇威火山爆發時，灼熱的岩漿襲擊龐貝城之前，已有三股岩漿滾下維蘇威火山，而赫庫蘭尼姆城正好處在岩漿滾落的路上，很快便成為泥流熱海中的孤島，隨後岩漿迅猛上漲，將其覆沒，所以它比龐貝城早覆沒七個小時。

受維蘇威火山上流下的豐富地下水浸潤而保持潮濕的泥土將赫庫蘭尼姆城密封起來，這就使它比火山灰和浮岩覆蓋下的龐貝城保存得要好得多。許多日常生活中容易腐爛的東西，由於保持了一定的溫度和濕度，同時又受不到空氣的影響，儘管曾經被熾熱的岩漿炙燒過，但仍保存完好，發掘出來時幾乎與掩埋時沒有什麼兩樣。

那些年，他們一起追的世紀之謎

作者：劉樂土
出版者：風雲時代出版股份有限公司
出版所：風雲時代出版股份有限公司
地址：105台北市民生東路五段178號7樓之3
風雲書網：http://www.eastbooks.com.tw
官方部落格：http://eastbooks.pixnet.net/blog
Facebook：http://www.facebook.com/h7560949
信箱：h7560949@ms15.hinet.net
郵撥帳號：12043291
服務專線：(02)27560949
傳真專線：(02)27653799
執行主編：劉宇青
美術編輯：芷姍
法律顧問：永然法律事務所 李永然律師
北辰著作權事務所 蕭雄淋律師

版權授權：北京樂土文化藝術有限公司
初版日期：2012年3月

ISBN：978-986-146-829-7

總 經 銷：成信文化事業股份有限公司
地　　址：台北縣新店市中正路四維巷二弄2號4樓
電　　話：(02)2219-2080

CVS通路：美璟文化有限公司
地　　址：台北市信義區莊敬路289巷29號
電　　話：(02)2723-9968

行政院新聞局局版台業字第3595號 營利事業統一編號22759935

定價：280 元　特價：199 元

國家圖書館出版品預行編目資料

那些年，他們一起追的世紀之謎 ／ 劉樂土編.
-- 臺北市：風雲時代，2012.2 -- 面；公分

ISBN 978-986-146-829-7（平裝）

1.文明史　2.古代史　3.通俗作品

713.1　　100019646